规范与自律

主　　编　　殷安全　　唐华丽

执行主编　　谭　明　　田　方　　洪　玲

　　　　　　车光荣　　宵顺勤　　龚兴学

　　　　　　彭广坤　　王兴华　　何远兴

参　　编　　代劲松　　夏保全　　李　泉

　　　　　　程泽友　　况成伟　　赵晓雪

　　　　　　周智勇　　况　海　　黎万友

　　　　　　张　毅　　文雪莹

重庆大学出版社

图书在版编目（CIP）数据

规范与自律／殷安全，唐华丽主编.—重庆：重庆
大学出版社，2014.5（2021.8 重印）
国家中等职业教育改革发展示范学校教材
ISBN 978-7-5624-8169-0

Ⅰ.①规… Ⅱ.①殷… ②唐… Ⅲ.①中等专业学校
—学校管理—涪陵区 Ⅳ.①G718.3

中国版本图书馆 CIP 数据核字（2014）第 086604 号

规范与自律

主编 殷安全 唐华丽
策划编辑：鲁 黎

责任编辑：鲁 黎 版式设计：鲁 黎
责任校对：谢 芳 责任印制：张 策

＊

重庆大学出版社出版发行
出版人：饶帮华
社址：重庆市沙坪坝区大学城西路 21 号
邮编：401331
电话：（023）88617190 88617185（中小学）
传真：（023）88617186 88617166
网址：http://www.cqup.com.cn
邮箱：fxk@ cqup.com.cn（营销中心）
全国新华书店经销
重庆升光电力印务有限公司印刷

＊

开本：710mm×1020mm 1/16 印张：8 字数：107千
2014 年 6 月第 1 版 2021 年 8 月第 5 次印刷
印数：8 401—10 100
ISBN 978-7-5624-8169-0 定价：28.00 元

国家中等职业教育改革发展示范学校
建设系列教材编委会

加快发展现代职业教育，事关国家全局和民族未来。近年来，涪陵区乘着党和国家大力发展职业教育的春风，认真贯彻重庆市委、市政府《关于大力发展职业技术教育的决定》，按照"面向市场、量质并举、多元发展"的工作思路，推动职业教育随着经济增长方式转变而"动"，跟着产业结构调整升级而"走"，适应社会和市场需求而"变"，学生职业道德、知识技能不断增强，职教服务能力不断提升，着力构建适应发展、彰显特色、辐射周边的职业教育，实现由弱到强、由好到优的嬗变，迈出了建设重庆市职业教育区域中心的坚实步伐。

作为涪陵中职教育排头兵的涪陵区职业教育中心，在中共涪陵区委、区政府的高度重视和各级教育行政主管部门的大力支持下，以昂扬奋进的姿态，主动作为，砥砺奋进，全面推进国家中职教育改革发展示范学校建设，在人才培养模式改革、师资队伍建设、校企合作、工学结合机制建设、管理制度创新、信息化建设等方面大胆探索实践，着力促进知识传授与生产实践的紧密衔接，取得了显著成效，毕业生就业率保持在97%以上，参加重庆市、国家中职技能大赛屡创佳绩，成为全区中等职业学校改革创新、提高质量和办出特色的示范，成为区域产业建设、改善民生的重要力量。

为了构建体现专业特色的课程体系，打造精品课程和教材，涪陵区职业教育中心对创建国家中职教育改革发展示范学校的实践成果进行总结梳理,并在重庆大学出版社等单位的支持帮助下,将成果汇编成册,结集出版。此举既是学校创建成果的总结和展示,又是对该校教研教改成效和校园文化的提炼与传承。这些成果云水相关、相映生辉,在客观记录涪陵职教中心干部职工献身职教奋斗历程的同时,也必将成为涪陵区职业教育内涵发展的一个亮点。因此,无论是对该校还是对涪陵职业教育,都具有十分重要的意义。

党的十八大提出"加快发展现代职业教育",赋予了职业教育改革发展新的目标和内涵。最近,国务院召开常务会,部署了加快发展现代职业教育的任务措施。今后,我们必须坚持以面向市场、面向就业、面向社会为目标,整合资源、优化结构,高端引领、多元办学,内涵发展、提升质量,努力构建开放灵活、发展协调、特色鲜明的现代职业教育,更好适应地方经济社会发展对技能人才和高素质劳动者的迫切需要。

衷心希望涪陵区职业教育中心抓住国家中职示范学校建设契机,以提升质量为重点,以促进就业为导向,以服务发展为宗旨,努力创建库区领先、重庆一流、全国知名的中等职业学校。

是为序。

项显文

2014 年 2 月

前言 Preface

　　本书是重庆市涪陵区职业教育中心建校 35 年来第一本相对完整的校本教材。它的出版是学校建校史上的一件大事,是学校学生养成教育和管理制度规范化、课程化的一个重要标志,是学校国家中等职业教育改革发展示范学校项目建设管理制度创新的重要成果。一方面它是对学校35 年来学生养成教育及学生管理成功经验的总结提炼,凝聚了学校教职工多年来在养成教育、学生管理等方面所付出的心血与汗水;另一方面它又将指导学生养成教育及学生管理在新时期中职教育背景下走向深入,进一步促进学生的健康成长,因此具有承前启后的重大意义。

　　本书由两部分组成,上篇是养成教育,下篇是规章制度汇编。养成教育就是培养学生良好行为习惯的教育,本书主要从文明礼仪、行为习惯、学习习惯、安全知识等方面入手,让学生明辨是非,明确什么该做,什么不该做,从而趋利避害,确保学生能健康成长,为以后的就业打下坚实的基础。规章制度汇编,主要是学校有关学生管理方面的制度。孟子曰:"不以规矩,不能成方圆。"学生管理制度是全体学生必须共同遵守的规章、规定和规范,是实行科学管理,办好学校的重要保证,有助于建立正常的学习和工作秩序,形成良好的校风。制度面前人人平等,我们要做到令行禁止。

　　养成教育是从正面引导,管理制度是从反面约束,二者相辅相成,共同促进学生成长。

　　本书由殷安全、唐华丽任主编,谭明、田方、车光荣、洪玲、甯顺勤、龚兴学、彭广坤、王兴华、何远兴任执行主编,代劲松、夏保全、李泉、程泽友、况成伟、赵晓雪、周智勇、况海、黎万友、张毅、文雪莹参加了本书编写。

　　由于参编人员水平有限,加之时间仓促,本书难免存在诸多不妥之处,敬请批评指正。

编　者
2014 年 2 月

目 录 Contents

目
录

上　篇

养成教育

第一章　文明礼仪

第一节　热爱祖国

> 我荣幸地从中华民族一员的资格，而成为世界公民。我是中国人民的儿子。我深情地爱着我的祖国和人民。
>
> ——邓小平

祖国是哺育我们的母亲，是我们生命的摇篮，她以坚强不屈的脊梁高高屹立在世界的东方，我们是中国人，我们骄傲！我们自豪！

热爱祖国，是中华民族的传统美德，是每个公民的神圣义务。我们的祖国有着五千多年的悠久历史，自古以来，中国人民就把对祖国的忠、对民族的爱视为做人的根本与大节。那些热爱自己祖国、为祖国和人民立下丰功伟绩的人，历来为世代所崇敬和歌颂并名垂青史！而那些背叛祖国、出卖民族和人民利益的人，历来受到世人的咒骂和唾弃并遗臭万年！

作为一名青年学生，我们要发扬爱国主义精神，无论何时何地，都要忠诚于自己的国家、自己的民族、自己的人民，热爱祖国的山河、文化、历史和人民，维护祖国统一和民族团结，从小事做起、从现在做起，发奋学习，苦练技能，担负起建设祖国美好明天的光荣使命。

黄河（Yellow River），全长约 5 464 公里，流域面积约 75.2 万平方公里，是世界第五大长河、中国第二长河。黄河发源于青海省青藏高原的巴颜喀拉山脉北麓约古宗列盆地的玛曲，呈"几"字形。自西向东分别流经

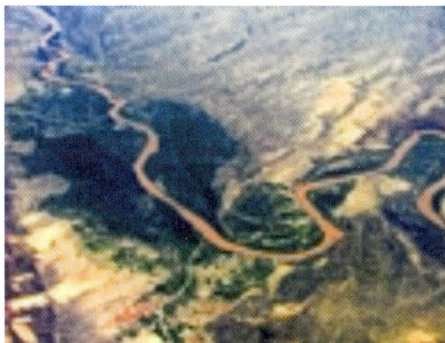

青海、四川、甘肃、宁夏、内蒙古、陕西、山西、河南及山东9个省区，最后注入渤海。在中国历史上，黄河及沿岸流域给人类文明带来了巨大的影响，是中华民族最主要的发源地，中国人称其为"母亲河"。

爱国故事1

人民的好总理

1910年春天，12岁的周恩来进入银冈书院读书。一次，校长在课堂上问大家为什么读书，周恩来慷慨答道："为了中华之崛起！"他的这一誓言，此后贯彻在他的一生中，他为中华民族的解放作出了巨大的贡献。

爱国故事2

李小龙

在20世纪60年代，中国人地位不高，很多演员总是淡化自己的中国人身份，李小龙却以身为中国人为荣，堂堂正正地说自己是中国人，最经典的一句台词是电影《精武门》中的"中国人，不是病夫！"从而带动了香港电影的一片爱国热潮，例如，耳熟能详的《霍元甲》。

课堂讨论

在现实生活中，我们应该怎样做，才是对祖国的真正热爱？

1. 请你写出 2 句热爱祖国的名言警句。
2. 请你给全班同学讲 1 个热爱祖国的故事或唱 1 首热爱祖国的歌曲。

第二节 热爱学校

　　亲爱的同学们,欢迎你们进入重庆市涪陵区职业教育中心(简称涪陵职教中心),开始新的学习生活。当你跨入涪陵职教中心校门,耳边回荡着的是激越豪迈、令人热血沸腾的校歌,眼前迎接你的是心中充满阳光的师生,展现在你面前的是美丽的校园。这里有设计新颖、设备先进的教学楼、实训大楼、科技楼、食堂和学生宿舍;有标准的足球场、篮球场和其他运动场地;还配备有多媒体等现代教育装备。涪陵职教中心为同学们求知学技、强身健体、陶冶情操搭建了坚实的平台,这所具有光荣传统和美好梦想的学校,是同学们获取知识,掌握技能的殿堂,是同学们精彩人生的起点。

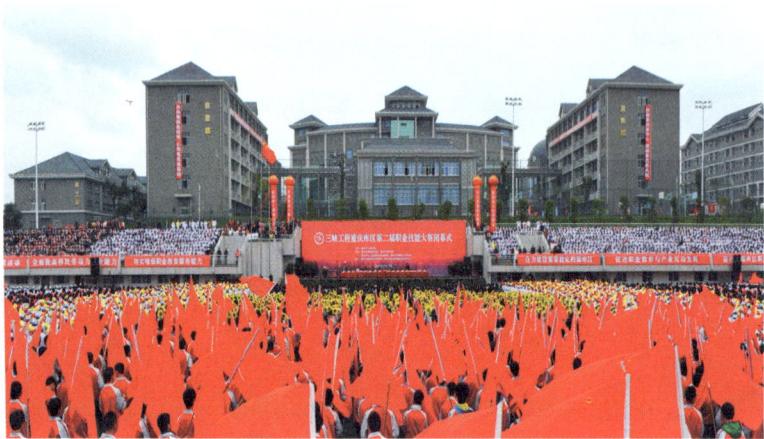

重庆市涪陵区职业教育中心

一、优质的学校 人才的摇篮

（一）认识我们可爱的学校

重庆市涪陵区职业教育中心创建于 1978 年,其前身是涪陵区技工学校和涪陵区第二职业中学校,2000 年 7 月由这两所省级重点中职学校强强联合组建而成。2009 年 1 月学校被教育部正式命名为"国家级重点中等职业学校"。2010 年 10 月学校整体搬迁至涪陵新区。2012 年 6 月,学校被教育部等三部委确定为"国家中等职业教育改革发展示范学校"建设学校,跻身全国 1 000 所国家级中职示范校建设之列。

学校位于涪陵新区太白大道 21 号,占地面积 167 亩,是一所恢宏大气、功能完善的现代化中职学校,已跨入西部中职学校的前列。教育部领导在视察学校时赞叹说,"西部地区有这样一所学校,感到非常震撼"。学校现有教师 238 人,其中高级职称 66 人,"双师型"教师 106 人;有涪陵区资深专家 1 人,涪陵区科技拔尖人才 2 人,涪陵区名教师 2 人,市、区级骨干教师 39 人。现有学历教育班 104 个,在校学生 5 000 余人。学校开设有数控技术应用、机电技术应用、高星级饭店运营与管理、学前教育、建筑工程施工与管理等 15 个专业,其中数控技术应用、机电技术应用、高星级饭店运营与管理 3 个专业为重庆市市级示范专业,学前教育、建筑工程施工 2 个专业为特色专业。学校有总值达 2 330 余万元的先进实作实训设备。

学校紧紧围绕"服务经济、服务企业、服务库区、服务民生"的办学方向,坚持"服务为宗旨,就业为导向"的办学方针和"自强博习,厚德精艺"的教育理念,以育"德技兼优的高素质技能人才"为培养目标,创新了"校企结合、产教结合、工学结合、园校互动"的人才培养模式,着力打造"以德养技,协同育人"的办学特色,努力践行"为学生终身幸福奠基"的办学诺言,取得了良好的办学声誉和显著的办学业绩,为地方经济建设和社会事业发展作出了积极贡献。建校 35 年来,学校为社会培养输送了 5 万余名高素质技能型人才,在培养的学生中,有的学生成为了中国餐饮业优秀企业家、全国三八红旗手、全国餐饮行业劳动模范;有的学生成为了中国作家协会会员、重庆市作家协会副主席、涪陵区资深专家;有的学生获得了多项国家发明专利等。学校先后荣获"全国职业技术学校职业指导工作先进学校"、"全国温暖工程先进集体"、"重庆市先进基层党组织"、"重庆市五四红旗团委"等数十种荣誉称号,并被命名为"重庆市涪陵区三峡移民就业培训基地"等。今天的涪陵职教中心,已成为培养三峡库区高素质技能型人才的摇篮、重庆市中职教育教学科研的前沿基地和重庆中部地区中职教育交流沟通的桥梁和窗口,被誉为涪陵中职教育的光耀与典范,职业教育战线上一颗璀璨的明珠。

励精图治铸辉煌,继往开来谱华章。今天的涪陵职教中心人在"不骄不躁、求实创新、不甘人后"的精神激励下,正以崭新的姿态,为将学校打造成"库区领先、重庆一流、全国知名"的巴渝职教名校和国家中等职业教育改革发展示范学校而努力奋斗!

全国职业技术学校职业指导工作

先进学校

中华人民共和国教育部

（二）认知我们先进的办学理念

教育理念：自强博习　厚德精艺

教育特色：以德养技　协同育人

校　　训：志存高远　艺行天下

校　　风：和谐求真　务实求精

教　　风：德堪楷模　艺铸良师

学　　风：正心立德　精技成艺

教师誓词：尽职尽责显美德　可亲可敬为良师

学生誓词：爱国爱校爱专业　学知学技学做人

培养目标：德技兼优的高素质技能人才

办学定位：库区领先　重庆一流　全国知名

——办学定位——	学 生 一 日 行 为 规 范			
库区领先 重庆一流 全国知名	进　校：穿戴整洁重仪表	备齐用品准时到	见到老师问声好	相互致意有礼貌
——培养目标——	早　读：勤奋好学争分秒	贵在自觉效率高	早读良辰须珍惜	书声朗朗气氛好
德技兼优的高素质技能人才	升　旗：升旗仪式要庄重	热爱祖国是首要	齐唱国歌寄深情	肃立致敬多自豪
——教师誓词——	两　操：出操列队快齐静	动作规范做好操	体操眼保两不误	持之以恒身体好
尽职尽责显美德	上　课：铃声一响教室静	专心听讲勤动脑	举手发言常提问	尊敬师长听教导
可亲可敬为良师	课　间：课间休息不吵闹	文明和谐重环保	勤俭节约爱公物	遵章守纪莫浮躁
——学生誓词——	学　习：各门功课皆学好	专业技能特重要	预习复习有风正	品学兼优是目标
爱国爱校爱专业	作　业：审清题意独立做	格式规范细思考	避免潦草字端正	保证质量按时交
学知学技学做人	活　动：科技文体重参与	班团活动受熏陶	团队精神大发扬	博学多才素质高
	生　活：爱惜粮食莫浪费	节约水电习惯好	废弃杂物不乱放	讲究卫生品格高
	离　校：教室公区勤打扫	关好门窗防事故	团结友爱莫嬉戏	法律法规要记牢
	就　寝：按时就寝不串房	迅速入睡不喧闹	严禁烟火保安全	平安校园共建好

（三）认同我们豪迈的校歌

共铸复兴路 同圆中国梦

光荣的职教　美好的梦想

重庆市涪陵职教中心校歌

1=E　4/4　♩=78有朝气，充满活力

词：谭　明
曲：陈家全

(5. 5‖: 5 - - 3. 4 | 5 - 55 13 | 5. 55 3 | 6 - - - |

6. 6 5 2.3 | 1 - - 0) | 5 1 1 23 | 2. 3 1 65 - | 6 65 5 1 23 |
　　　　　　　　　　　　白鹤展 翅，榨菜飘 香，美丽的校 园

5 5 65 3 21 6 3 | 2 - - - | 3. 3 5 3 - | 3. 1 2 6 - | 05 1 3 53 |
技能　竞秀，书声朗　朗。　　自强博习，厚德精艺，　我 们的心中

2. 1 6 5.6 | 1 (05 13 | 5. 6 53 21 65 | 11. 1 10) | 6. 6 1 6. 0 |
充 满阳　光。　　　　　　　　　　　　　　　库 区领先、

3. 3 2 6. 0 | 2. 6 123 543 | 2. 1 23 | 3 - - 5. 5 | 5 - - 3. 4 |
重庆一流、　全 国 知 名,是我们美好梦 想。 光荣啊， 涪陵

5. 5 6 55 - | 6. 6 6 6 53 | 2. 1 2 55 ᵛ5. 5 | 5 - - 3. 4 |
职 教 中心，　我 们齐心协力,敢于担 当前进吧， 涪陵

5. 5 6 55 - | 6. 6 6 6 53 | 3. 1 23 6 | 05 1 3 53 | 6 - - - |
职 教 中心，　我 们志存高远,艺行天 下，我 们的前 程

6. 6 5 2.3 | 1 - - 0 | 05 1 3 53 | 6 - - - | 5. 5 6 7 | i - - 0 ‖
灿烂辉　煌！　　我们的前 程　　灿烂辉　煌！

二、温馨的班级　共同的担当

学校是一个大家庭,班集体是每个同学在学校生活的"小家",它与同学们的学习成长息息相关。班集体是同学们生活的重心,是知识的集散地,是人格的熏陶地,是才能的展示地。

(一)尽快融入新的班集体

来自四面八方的新同学和新老师组成了新的班集体。从你踏入中职校门起,你就是一名走向成熟的中职生了。从初中到中职,从接受普通教育到接受职业教育,是你们学习生活的一次飞跃和转折。你们的学习内容、活动环境、社会角色发生了很大的变化,在生活形式、学习方式等方面也将面临新的选择。

你们首先要充满信心,主动、热情地投入新的集体中去,快乐地学习和生活。要尽快和新同学打成一片,不要把自己孤立起来。如果你担心在新的集体中会表现得不如人意,你可以事先设想可能会碰到的问题,并想好对策。

议一议

◎ 在你心目中,初中生和中职生有哪些不同呢?

◎ 在新的集体你可能碰到的问题有哪些? 你将采取什么样的对策?

(二)认识新同学,适应新老师

与新同学相处,要打开你们的心门,主动与同学交流,不带任何功利与怀疑,只有真心地交流才能换得真正的友谊! 学会真诚,以诚待人,以信交友是人际交往的基本准则;学会尊重,尊重别人,实际上就是在尊重自己;学会宽容,"比海洋更广阔的是天空,比天空更广阔的是心灵";学会理解,站在对方的角度换位思考,为别人设身处地想一想;学会沟通,自

9

我封闭会像一堵墙,将温暖和友情隔在墙外;学会欣赏,善于发现别人的优点,赞美别人的长处。

适应新老师,要尊敬老师,对老师有礼貌;信任老师,多与老师交流;喜欢老师,给老师做帮手。

小提示

在老师心目中建立一个良好的形象,使他(她)对你形成一定的期望和好感,这会对你自身产生激励作用。与老师关系融洽,既可以促进学习,又可以学到做人的道理,会使你一生受益。

(三)共同建设班集体

班集体是老师和学生的集体,只要我们对待班集体像对待自己的家,对待班集体的成员像对待自己家人一样,就一定能建设好我们的班集体。

1. 设计班训,制订班级奋斗目标

班训是对学生言行的警示和忠告,它指明了班级的努力方向与行动准则,构成了教室文化的重要组成部分。而结合班情、学情,班级目标与个人理想贯穿起来的有针对性的班训,更能使学生产生深厚而持久的认同感、满足感、荣誉感和精神的归宿感，以振奋精神，追求卓越。

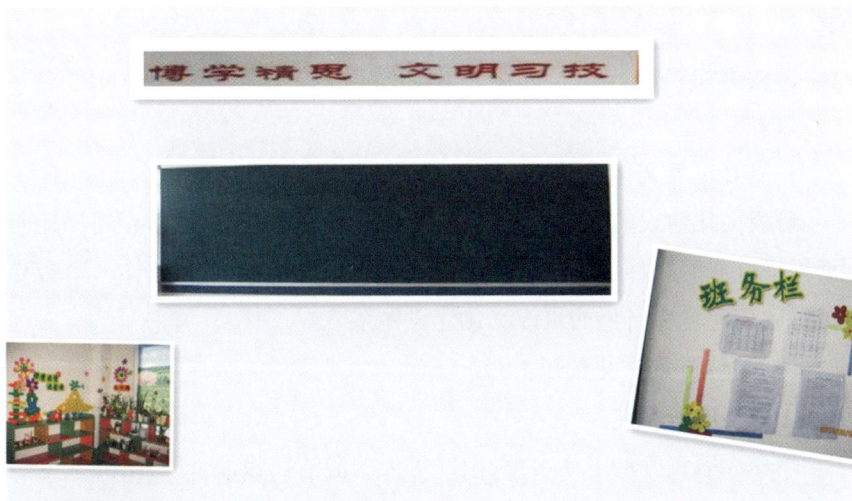

班训欣赏

◎迎着晨风想一想，今天有怎样的打算？踏着夕阳问一问，今天有怎样的收获？——用温馨诗意的句子提醒同学们珍惜时间，把握好每一天。

◎成人、成才、成功；正气、才气、大气。——精练而催人振奋！

◎装配成功、焊接幸福——体现专业特色和职业目标。

◎车铣假丑恶、磨刨懒散软——体现专业特色。

班级目标的制订，必须依据学校的教育培养目标和德育发展方向、同学们的兴趣爱好、特长等因素来考虑。这个目标是一个逐步实现的过程，需要充分发挥每个同学的智慧，需要强大的班级凝聚力、班集体的荣誉感和责任感。

2.争当优秀班干部

班委干部由同学们根据能力、品行、奉献精神等方面加以推选或采取竞争的方式产生，经班主任同意和学校确定后即为该班班委干部。班委干部是班主任工作的得力助手，优秀的班干部应该主动地开展工作。

议一议

◎如果你担任班委干部,你想负责哪方面的工作?

3.搞好班级文化建设

班级文化建设的努力方向就是:要让班级充满青春活力,充满昂扬向上、积极进取的精神,让班级成为每一个同学温暖的家。在这样一个指导思想下,构建具有特色的班级文化建设体系。

(1)班级环境文化建设

①教室的净化

培养大家良好的卫生习惯,做好每天的清洁扫除,制订严格的卫生制度,人人参与检查和监督。要布置好教室卫生角,要求:用具归类摆放整齐,废品分类存放,废纸、空瓶要变卖,垃圾及时清理,卫生角处贴环保标语。

②教室的绿化

在教室内开设一个绿化角,精心养育几盆花草,由全班同学轮流养护。在紧张的学习之余,让同学们得到精神上的放松和愉悦,缓解视疲劳、增加氧气,还能培养同学们的主人翁意识和审美情趣。

③教室的美化

课桌摆放整齐、整洁;教室前黑板上方贴"班训",教室左右挂"名人名言",要求能够体现班级特色;办好黑板报,贴一些同学们的理想宣言、名言、学生的作品;"班务公开栏",主要用于张贴课程表、作息时间表及班内各项工作安排等内容;办好"学习园地"与"光荣榜",让这里成为同学们获取新知、陶冶情操、表现才能、显示心灵、展示青春风采的天地。

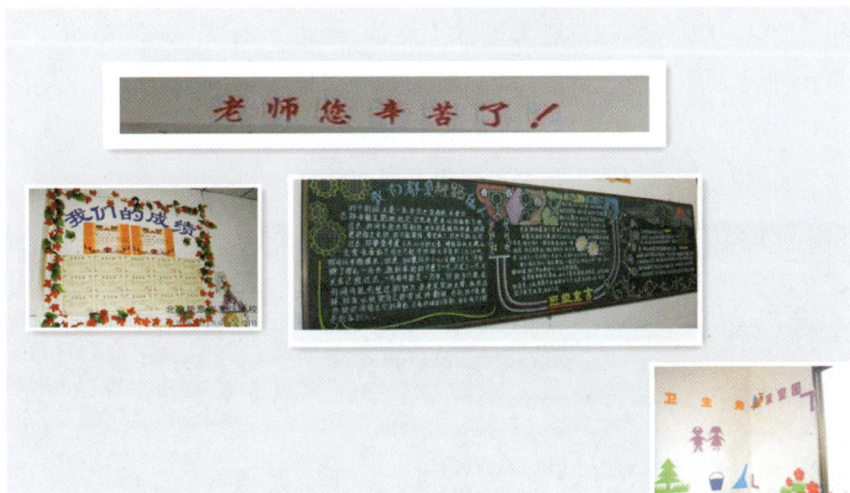

（2）班级制度文化建设

"不以规矩，不能成方圆。"班级制度文化建设，要以《中职学生日常行为规范》和学校的相关制度为依据，同时根据班级实际来进行。制度的实施要持之以恒，不能朝令夕改。

每个班级可制订班级一周工作总结制度、值日班长制度、每个学生一期综合考核制度、卫生管理制度等。设置多样化的责任岗位，根据本班的实际情况，增设纪律检查员、班级安全员等岗位。可以实行管理角色轮换，每一个责任岗位由 1~2 人负责，人人上岗，按星期或月轮换一次，使更多同学有参与班级管理的机会。

（3）班级精神文化建设

班级文化建设的核心内容,包括班级精神、班级文化活动等。进行职业生涯设计活动是班级精神文化建设的一个有效途径,也是职业学校与普通中学的重要区别。

班上要营造浓厚的、发奋向上的学习知识技能的氛围,同学们上课要保持良好的精神状态。在课堂教学中,要积极渗透职业意识的培养教育,做到学科性、专业性与职业性的统一。

除此之外,班级还要积极开展活动。活动大致分为两类,一类是上级和学校组织的活动,如技能大赛、文艺汇演、运动会,征文、演讲、歌咏比赛等,还有志愿者服务、各种社团活动等;另一类是班上组织的活动,这些活动对大家的综合素质提高是非常有益的。

同学们,用你们的智慧努力建设好班集体吧!

思考与练习

请根据本班教室的特点,设计美化教室的方案。

三、实际的行动　爱校的体现

(一)遵守学校规章制度,养成良好行为习惯

学校是一个大家庭,学校的各项规章制度,需要我们大家来共同遵守。自觉遵守行为规范,养成良好的行为习惯,树立远大的志向和理想,时刻准备着将来为祖国的繁荣富强作出应有的贡献,这是我们最好的爱校行为。

(二)珍惜美好时光,提高综合素质

珍惜大好时光,自强博习,厚德精艺,努力成为德技兼优的高素质技能人才,为学校争光,这是爱校的最好体现。

(三)尊重师长关心同学,热爱集体文明做人

中华民族是一个具有五千年历史的文明古国,从古到今,尊师爱生永远是我们歌颂的美德。同学们学习生活在学校中,要讲文明、讲礼貌;要尊敬师长,尊重老师的辛勤劳动;要关心同学,热心帮助有困难的同学。热爱集体,爱护公物,积极参加学校组织的各项有益的活动。爱护学校一

草一木,保持环境整洁,把学校当成自己的家一样来关心,把爱校落实到具体的行动中去。

亲爱的同学们,让我们齐心协力把我们的学校变成我们引以为荣的文明校园,让我们都努力成为勤学多思、文明守纪的人,让文明之花在校园处处盛开。文明的举止,感恩的情怀,坦荡的胸襟,创新的品质,善意的微笑,礼貌的问候,友爱的眼神,温和的话语,使我们的校园春意盎然,让我们的生活美好而温馨! 早日建成"库区领先、重庆一流、全国知名"的国家中等职业教育改革发展示范学校,指日可待!

思考与练习

1.中职学生哪些行为是有损校誉的?

2.有人认为,维护校誉是学校的事,与我们中职学生没有关系。这种观点是否正确? 我应该怎么做?

第三节　热爱专业

亲爱的同学们,你们从普通中学进入中职学校学习,面临人生的第一个转折,你们要明白来学校学什么,将来干什么,将来所从事的专业(职业)具备怎样的社会价值和社会意义,从而培养积极的专业(职业)态度,激发工作热情。

一、树立正确的专业思想

树立正确的专业思想,有利于确定方向,集中精力,实现成才目标。树立正确的专业思想,必须克服不正确的观念和认识的影响。

(一)克服旧职业观的影响

一些学生不能正确对待自己所学的专业,是由于受旧职业观的影响。

有的人认为与专业相应的职业,名称有贵贱之分,社会地位有高低之别,工作条件有好坏之差,经济收入有丰歉之距。

(二)克服唯个人兴趣论的影响

有的同学在幼儿园、小学、中学时有个人爱好或特长,对之情有独钟,过分地认为,唯有兴趣爱好才能成功,一味地以个人兴趣爱好作为选择专业的依据,一旦所就读的专业与自己的兴趣爱好不符,或者认为自己原有特长难以发挥,就以为是一种浪费,怨天尤人,无心向学。

二、热爱专业,坚定实现成才目标的信心

热爱专业是指有一个正确的、稳定的专业思想,有执着的追求,充满献身精神。这种对专业的热爱之情,是成才的基本前提。它能增强学生学习的主动性和学习热情,能增强克服困难、战胜困难的信心。热爱愈深,达到一种入迷的境地,一个人就会产生巨大的精神力量和勇气。大凡有成就的人,都十分热爱自己的专业,有的甚至达到痴迷忘我的地步。

(一)兴趣爱好是可以培养的

人们的兴趣爱好并不是先天的,而是在后天的环境中,在对客观事物的接触中逐渐产生的。兴趣爱好既可以从小耳儒目染,一生对其情有独钟而事业有成;也可能根据国家需要、社会需求有意识地在社会实践中培养而成;还可能因年龄、环境、国家社会形势的变化需要,兴趣爱好发生转移。一个人在青少年时期可塑性比较大,完全能够根据新的需要来培养自己的专业兴趣爱好,由不爱好某个专业(职业)到爱好某个专业(职业),或由爱好这个专业(职业),转移到爱好另一个专业(职业)。

(二)任何专业都可以成才

只要热爱所学专业,坚定信心,奋发努力,学任何专业都可以成

才。俗话说，"三百六十行，行行出状元"。一个人能否成才，不在于专业不同，而在于理想的高低、事业心的强弱以及勤奋的程度。只要有成才之志、成才之行、成才之毅力，努力奋斗、自强不息，干一行、爱一行、专一行，都可以发挥自己的聪明才智，都可以作出贡献，都可以成才。

议一议

◎你是怎样选择专业的？你喜欢所学的专业吗？

三、学好专业，走技能成才的道路

技能人才是国家建设的重要人才，做一名优秀的技能人才，同样可以实现自身价值。职业无贵贱，当今世界多姿多彩，人才需求也多种多样，上职校、学技能、有特长、利终身。

（一）正确对待专业学习

1.明确所学专业的职业要求，注重职业训练

明确所学专业职业岗位的要求，明白自己应该具备的职业素质。有针对性地对职业素质进行养成训练，到实训基地亲身体验，到相应的行业企业参观调研，了解专业特征及未来工作的基本条件，强化对职业要求全方位的认识。

2.进行职业实践，提高职业素质

通过参加校内外实习，通过学习过程与工作过程同步、实习与就业一体的中职教育培养过程，提前适应社会。进行职业实践和职业适应，在提高职业技能水平，增强就业竞争力的同时，亲身感受现代企业精神、企业文化，了解现代企业的用人标准，掌握企业对技能人才的要求，在工作中逐步体验劳动创造财富的辛苦，在劳动中磨炼坚强的意志，养成艰苦劳动、爱岗敬业的优良品质。通过实习实训认识社会、了解企业、学会做人、学会团队协作、认识企业文化，培养良好的职业道德和脚踏实地的工作作风，培养良好职业态度。

（二）深入认识自己，进行职业生涯规划

职业生涯规划是根据社会经济发展需要和本人实际情况，制订未来职业生涯的发展规划。科学、合理的职业生涯设计，是广大中职学生顺利踏入社会、走上职业岗位，在实践中不断发展和提高的重要条件。职业生涯规划的步骤如下：

1. 自我评估

了解自己的性格、气质、能力、兴趣以及自己的长处、短处，只有明确自己适合干什么，能干什么，才能对自己有一个准确的定位。既不高估自己，又不妄自菲薄，从实际出发规划自己的职业生涯。

2. 确立目标

职业生涯发展目标的确立，要在了解自己的同时，综合考虑社会因素，如：了解市场需要什么人才、当地有什么资源可以利用、哪些人际关系资源有助于实现职业理想等，才能确立自己的职业生涯目标。

3. 分解目标

分解目标即制订可操作的短期目标与相应的教育或培训计划。任何人都不可能瞬间实现自己的人生目标，任何一个远大、宏伟的目标都不可能一蹴而就。职业生涯发展的长远目标是通过若干阶段目标的达成才得以实现的。

4. 制订行动方案

制订行动方案即把目标转化成具体的方案和措施。这一过程中比较重要的行动方案有职业生涯发展路线的选择、职业的选择，相应的教育和培训计划的制订。

5. 评估与反馈

职业生涯规划的评估与反馈过程是个人对自己的不断认识过程，也是对社会的不断认识过程，更是职业生涯规划更加有效的有力手段。

亲爱的同学们，一个人要想有益于社会，就必须对这个社会有所贡献。这不仅仅是一种观念、一种理想，更主要的是实际行动。对于我们中职学生来说，热爱专业，刻苦钻研，踏踏实实地学好文化技术，练就一身过硬的本领，这是使自己成为社会有用之才的前提条件。咫尺之间，天地广阔，切莫好高骛远、心猿意马，应该胸怀大志，学一行、爱一行、专一行，在自己独特的领域里，作出自己独特的成绩，实现自己独特的价值。

思考与练习

请根据自己的特点，完成一份职业生涯规划，并与同学们互相交流。

第四节　文明礼貌

中国素以礼仪之邦著称于世，文明礼貌是中华民族世代相传的优良传统。在人们的交往中，注重文明礼貌，体现出一个人的道德修养，也是尊重别人的表现。它不仅是一种形式，也是沟通彼此感情、增进了解的一座桥梁。它使社会生活更加和谐美好，人们在文明的学习、工作和生活环境中感受到亲切、温暖和愉快。可见，讲文明、懂礼貌是友好交往的道德基础，是与人交往的必备素质。

一、礼貌的内涵

礼貌包括礼貌语言和礼貌行为。礼貌语言大致分为三个方面：一是尊称，如，比自己年长的男性称爷爷、叔叔、哥哥，比自己年长的女性称奶奶、阿姨、姐姐。二是通用交际文明用语，如"请"、"别客气"、"谢谢"、"没关系"等。三是语气委婉的文明用语，以一种商讨、规劝的口吻表达禁止的意思，如"你是否可以考虑这样做"或"可能这样做会更快一些"等。礼貌行为即举止有礼貌，如坐着不跷腿、抖动，两人并肩不搭肩膀，不要歪倚墙柱站立。这样，你的举止才能博得公众的好感，得到大家内心的尊重。

二、举止文明，礼貌待人

不骂人，不打架；不在背后随便非议同学、老师；尊重他人，不取绰号；见老师、长辈要问好点头微笑；见到同学、朋友也要问候。与异性同学正常交往，不过分亲密。上课认真听讲，回答问题起立，不影响他人。行走让路、右行礼让，乘车让座。同学间要相互尊重、团结互助、理解宽容，不要互相包庇不良行为习惯。不欺负同学，不戏弄他人。要与品行端庄、爱好学习、能帮助自己上进的同学交朋友。不与对自己思想品行产生不良影响的人密切交往。不随意翻动别人物品，不打扰别人工作、学习和休息。态度亲和，言谈得体，举止端庄。

同学们，我们播下一个动作，便收获一个习惯；播下一个行为，便收获一个品格；播下一个品格，便收获一个命运，千万不要把文明行为看作小事。让我们从现在做起，从自己做起，从点滴的小事做起，养成良好的文明素养。

知识链接

文明礼仪歌谣

懂文明，讲礼仪，全校师生同做起。

升国旗，应敬礼，高唱国歌要肃立。

待客人，要热情，举止文明衣得体。

讲友善，懂宽容，明理诚信树新风。

省资源，节水电，爱护公物永不变。

学习中，讲情趣，不良场所我不去。

生活中，懂规矩，态度和蔼人心聚。

树校风，强校纪，儒雅文明记心里。

望对方，面带笑，跟人说话有礼貌。

孝父母，敬师长，尊老爱幼永不忘。

同学间，互帮助，以诚相待益无数。

有垃圾，不乱扔，共同营造好环境。

爱清洁，讲卫生，争做文明中职生。

学做人，讲礼貌，"礼仪之邦"人知晓。

寓言小故事

粗鲁的小老鼠

从前有一只小老鼠，总觉得自己了不起，对别人很不礼貌。一次它去上学，一只蜗牛迎面走了过来，挡住了它的去路。小老鼠凶巴巴地说："小不点儿，滚开，别挡我的路！"小老鼠说着一脚踢了过去，把蜗牛踢得滚出去很远。

有一次，小老鼠到河边喝水，觉得河里的一条小鱼妨碍了它。于是，它捡起一块石头就扔了过去。小鱼被石块吓了一跳，慌忙躲避。小老鼠哈哈大笑说："知道我的厉害了吧。"

一天晚上，小老鼠在回家的路上看见一只小猪躺在路边，就趾高气扬地说："谁给你这么大的胆子，竟敢挡住我的路。"说着，一脚踢了过去。"嘭"的一声，小老鼠正好踢到小猪的脚上，小猪倒没什么事，小老鼠却"哎哟，哎哟"地叫了起来，原来它的脚肿起了一个大包。小猪站起来对小老鼠说："你对别人傲慢无礼，不懂得尊重人，今天尝到苦头了吧！只有尊重别人，才能获得别人的尊重。"小老鼠看着受伤的脚，羞愧地低下了头。

想一想，你有过小老鼠这样的举动或心理吗？

课堂练习

1. 如今的你已是一名中职生了，据你的细心观察，我们这么美丽的校园还存在不文明现象吗？请举例说明。

2. 请结合自身实际，谈谈如何做一名文明礼貌的中职学生？

第五节　仪表端庄

仪表是心灵的写照，内心世界的外在表现。人的仪表最能体现出一个人的道德修养、文化层次和精神世界。一般说，衣冠不整、蓬头垢面的仪表，大多反映此人比较消极；浓妆艳抹、矫揉造作的打扮，往往给人以精神空虚的感觉。学生的仪表是指学生的外表，它是学生气质和文明程度的重要体现。中职生保持大方、得体的仪表，是个人内在修养的一种体现，同时也是对社会、家长、老师、自己的一种尊重，更是一所学校学风、校貌的良好体现。一般来说,中职生的仪表包括容貌、姿态、衣着、服饰、风度、举止等。每个中职生都要注意自己的仪表美,做到朴素、大方、得体,符合中职生身份,不要过分追求新潮、时尚、名牌。

一、服饰

(一)仪容

男生以学生头为宜,不留长发,不剃光头,不染发、烫发,不理碎发,做到前不扫眉、旁不遮耳、后不过颈,不留怪发型。

女生以梳辫子、理短发或童发为宜。前额流海不过眉,不涂脂抹粉,不画眉,不画眼线,不抹口红,不涂指甲油,不披头散发、烫发、染发,不理碎发,不梳怪发型。

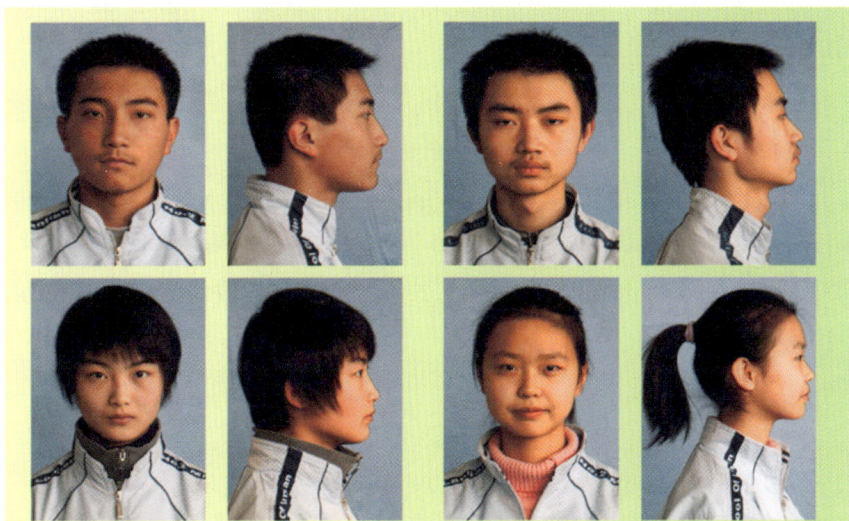

说明:
①男生发式发型要求:不长、不短、不碎、不光、不烫、不染、不怪、不脏、不乱;前不过眉、侧不过耳、后不过颈。
②女生发式发型要求:不长、不短、不碎、不光、不烫、不染、不怪、不脏、不乱;前不过眉、侧不过腮、后不过肩。

(二)着装

穿戴整洁、朴素、大方,不穿拖鞋,不穿奇装异服,不追求名贵服饰。女生不穿高跟鞋,不穿露背装、露脐上装、超短裤、超短裙和半透明柔装,衣着不过分暴露。

此外,男、女生都不佩戴耳环、项链、戒指、手镯、手链等饰物,不戴护身符。不染、不装饰指甲,不留长指甲。不文身、绘身,不贴文身贴。

住校生在寝室以外不得穿拖鞋,男生在校内任何场所不得赤裸上身。

每周一到周五在校必须身着整套校服,要保持校服干净,不在校服表面涂画,不在校服表面佩戴除校徽、团徽以外的任何饰物。

二、走相

行走时步伐轻盈、自如、敏捷、矫健,整个体形要做到端庄有力。其基本要求是:昂首、挺胸、收腹、眼平视、头要正、肩要平、身要直。两臂自然下垂摆动,两腿有节奏地交替向前迈步,给人一种矫健、轻快、从容不迫的动态美。

三、站姿

正确的站姿应该是抬头、挺胸、收腹,身体尽量直立。眼平视、嘴微闭,双臂自然下垂或在体前交叉。两手交叉时右手放在左手上。站立时,切忌无精打采、东倒西歪、耸肩勾背,或懒洋洋地靠墙或倚在椅子上,这样将影响自己的形象。

四、坐姿

坐姿的基本要求是上身保持正直,挺胸收腹,不可瘫坐、靠坐、歪坐。双手自然地放在双膝上。读书、写字时,上体前倾,两臂自然放在桌面上,上体保持正直,眼睛和书本的距离要保持一尺。谈话时,女生可以侧坐,此时上体与腿同时转向一侧,要把双膝靠拢,脚跟靠紧。

赵宣子的故事

在春秋时代,晋国有一个大臣叫赵宣子。刚好那时候晋灵公在位,晋灵公年纪还小,很不听话,根本不知道好好爱护自己的臣民。赵宣子很忠诚,就常常直言不讳劝他的君主。结果晋灵公很生气,派杀手鉏麑(一个很有力气的人),去刺杀赵宣子。

那时的早朝都是很早的时间,鉏麑是在早朝之前就到了赵宣子的家里。结果一看,赵宣子已经穿着整整齐齐的朝服正襟危坐地等待早朝。鉏麑一看非常感动,他认为,"这个赵宣子在无人的地方都如此着装认真,想必平时肯定是非常认真地办理国事,为人一定非常谦逊、恭敬。这样的人绝对是国家的栋梁、人民的公仆,我不能杀他。杀了他,我就是对晋国不忠。但这是晋灵公交代的事,假如我不杀他,就是对君主不守信用"。所以鉏麑当场就对着一棵槐树撞头自尽。从这个故事我们可以体会到,一个人仪容端庄,就能赢得他人的尊敬。

附

学生仪容仪表检查办法

为加强学校管理,正确引导和教育学生,规范学生仪容仪表,培养学生健康的审美情趣,养成良好的生活习惯和行为习惯,展现中职学生朝气蓬勃、积极向上的精神风貌,根据《中小学生守则》、《中学生日常行为规范》有关规定,特制定本办法,望遵照执行。

一、总体要求

整洁、大方、得体,符合中职生身份。

二、仪容仪表要求

1. 发型要求

男生不留长发,不剃光头,不烫发,不染发,做到前不扫眉、旁不遮耳、后不过颈。

女生前额刘海不过眉、后面头发不过肩,不烫发、不染发、不梳怪发型。

2.服装要求

统一穿适合中职生身份的校服,做到整洁、得体、大方。

3.佩饰要求

(1)不涂脂,不抹粉,不文肩,不描眼线,不抹口红。

(2)不佩戴耳环、耳钉、耳坠、项链、戒指、手镯、手链、脚链等饰物。

(3)不文身,不刻字。

(4)不留长指甲,不涂染装饰指甲。

4.穿鞋要求

学生在校不穿高跟鞋,不准将拖鞋穿出寝室外。

三、仪容仪表检查方式、要求和处理

1.检查方式

(1)每天早、中、晚上课前值周领导带领值周老师、值周学生在进入教学楼门口处检查。

(2)安排学生会同学每天早上、下午到各班进行检查。

(3)各班每天对仪容仪表开展自查。

(4)学生处安排人员定期或不定期对各班学生的仪容仪表进行检查、记录,并将检查情况报学生处负责人。

2.检查要求

(1)凡与上述"仪容仪表"要求中任何一项不相符的为不合格仪容仪表。

(2)学生进入校园必须穿校服(校服没有穿在身上的作未穿校服处理)。

(3)班主任、任课教师有权力、义务对学生进行正确的审美观教育和仪容仪表教育,有责任对不符合学校仪容仪表要求的行为进行监督检查并教育改正。

(4)学生家长有责任配合督促子女做好仪容仪表工作,如发现不符合要求的,应及时督促子女改正。

3.结果处理

(1)凡仪容仪表不合格者,不允许直接进入教学区,由值周领导、值周老师按有关规定教育处理。

(2)发型不合格的同学必须在检查后的中午休息时间整理修剪合格;服装不合

格的同学必须在检查后的下一个上学时间穿好校服;其他方面限期整改。

(3)经检查发现仪容仪表不合格的学生,检查结果按每人次扣 2 分纳入班级量化考核。

(4)在仪容仪表检查和处理过程中拒不认错,顶撞检查人员的,将从重处理。

(5)凡学生违反以上仪容仪表规定者,经值周领导、学生处、班主任教育后仍无改正者,可按情况轻重给予其校纪处理。

四、其他

在仪容仪表问题上有特殊情况的同学(如特殊疾病等原因),经本人申请、家长证明、班主任同意、学生处审核后可给予相应照顾。

思考与练习

1.请你结合自己实际,看一看是否存在不符合学校仪容仪表要求的现象? 如有,请谈一谈应该如何改正?

2.请在下图中找出不符合中职生仪容仪表要求的地方。

（a）

（b）

第二章　学习习惯养成教育

习惯是人生之基,而基础水平决定人的发展水平。大量事实证明,习惯决定一个人的成败,也可以导致事业的成败,最根本的教育就是养成教育。

——孙云晓(著名教育专家)

世界上最可怕的力量是习惯,世界上最宝贵的财富也是习惯。好习惯是一个人终身的财富,坏习惯是一个人一辈子都偿还不了的债务。中职生养成良好的学习习惯至关重要!

第一节　什么是学习习惯

学习习惯,就是在不间断的学习实践中养成自然的学习上的习性。学习习惯一旦养成,它便会以情不自禁、不期而至的方式持续下来。"良好的学习习惯是一种自觉的学习行为,因而能提高学习效率"。没有良好

的学习习惯,就不会学习。

学习习惯差主要表现在:不预习,不听课,不记笔记,不复习,不做作业,不总结,学习随意性,没有计划,或者干脆就没有学习动机。考试时完全靠抄袭,偷看蒙混过关,或者全凭瞎撞。有的上考场就睡,在考场不到两分钟已经填好空,交卷完事。

第二节　尊重与欣赏老师的习惯

"亲其师,信其道。"一个学生同时面对各学科的教师,长短不齐,在所难免。所以学生要学习好,除了我们老师努力提高能力水平,适应学生外;学生更要尊重老师,适应老师,并学会欣赏自己的老师。不同层次的老师,学生用不同的方式,提高自我去适应,与老师共同进步。从现在起学会适应老师,到工作以后适应社会,不会稍不如意就埋怨环境。

第三节　课前预习的习惯

"你每天上课前都预习课本吗?"

一些同学错误地认为,课前预习没有必要,反正老师上课时要讲,上课专心听讲就行了,何必事先多费脑筋,还浪费了许多时间。应该说,这是一种错误。事实上,许多同学在学习上花费了不少时间,但忽略了课前预习这一环节,学习成绩始终不理想,预习对同学们的学习非常重要。

提前预习,是培养自学能力和自主学习的精神,提高听课效率的重要途径。提前预习教材,自主查找资料,研究新知识的要点重点,发现疑难,从而可以在课堂内重点解决,掌握听课的主动权,使听课具有针对性。预习之所以有这么多的良好作用,从心理学的角度说,是因为在预习过程中发现疑难点,从而在大脑皮层上引起了一个兴奋中心,即高度集中的注意力状态。这种注意状态加深了学生对所学知识的印象并指引着学生的思维活动指向疑难问题的解决,从而提高了学习效果。

小神童的故事

我国十大元帅之一的陈毅,小时候读书很出色,被人们称赞为神童,他是怎样成为神童的呢?

陈毅五岁半就在一家私塾读书,他的学习成绩总是名列前茅,同学们都称他是"小神童"。一天,毛老师来到了陈毅家里,发现他一边烧火一边看书,原来是一篇还没有教的课文。他已经用笔在上面画了许多圈圈点点。经过询问,毛老师明白了陈毅每次听课前都要把新课预习一下,把生字和不懂的词句画出来。听课时他格外留心,再有不懂的地方,便直接向老师提出问题。毛老师十分高兴地称赞道:"这真是一个很好的学习方法,今天我总算发现了你学习成绩好的'秘诀'。人们称赞你是'神童',说你聪明,其实更重要的是你勤奋。你真正懂得了'学问学问,多学多问的道理!'"

第四节　认真听课的习惯

有一位同学这样对我说:"老师,不知为什么,每到上课我就觉得烦,心不在焉地翻开书本,一堂课下来什么都得不到。上课时脑子里只有一个念头,时间快快过去,早点下课。有了这个念头,老师讲课时,我想着别的事情,这里摸摸,那里看看;老师提问时,同学们争着回答,我却坐在那里发呆。结果呢,可想而知?"

许多同学都有这样的体会:听课这一环节抓好了,可以提高学习效率,避免课后浪费时间。听课时思维要紧张、活跃、积极,切忌消极、被动、心不在焉,学会经常走在老师前面。在听课时多问几个为什么,而不是老师怎样讲,自己就怎样想,脑筋并没有真正开动。总之听讲时集中注意力,调动各种感官,积极思维,就可以使听课效率大大提高,既能帮助掌握知识,又能培养分析问题、解决问题的能力,收到事半功倍的效果。

课堂学习是学生在校学习的基本形式,学生在校的大部分时间是在课堂上度过的。因此,学会听课,是学业成功的关键环节。

教与学应该同步,应该和谐,学生在课堂上要集中精神,专心听教师讲课,认真听同学发言,抓住重点、难点、疑点听,边认真听边积极思考。哪怕是你已经超前学过了,也还是要认真听,要把教师的思路、其他同学的思路与自己的思路进行对比分析,找出解决问题的最佳途径。

实作课训练

课堂教学

第五节　课后复习的习惯

复习是对已学过知识的温习、巩固、系统和延伸,复习不是简单的机械重复,而是一个系统提高的过程。复习的任务,包括查缺漏、巩固吸收、系统归纳和浓缩记忆。

在我们的学习生活中,最宝贵的时间是课后复习,因为防止遗忘的最有效办法就是及时复习。心理学的研究表明,记忆是有规律可循的,学过的知识如果不加以复习就会忘记,过一天会忘记一半以上,经过两天就会忘记 2/3 左右,以后遗忘的数量会逐渐减少。因此,学习后若不及时复习,就会大大增加复习的困难,降低学习的效率。

为了提高复习的效率,我们要在复习时采取一定的方法,从不同角度作出合理的安排。在时间安排上,课后复习至少安排两次。第一次利用课间休息时间,用脑子复习一下这节课的要点,第二次复习应安排在晚上,读一下课堂笔记,对照教科书进行。

思考与练习

有一次,丽丽在水果店里看到一种水果,以前从来没有见过。经询问,她知道那叫火龙果。一段时间后,当爸爸出差回来,带给丽丽的礼物正是一枚火龙果。可是,当丽丽看到这枚似曾相识的水果时,却一时想不出它们的名字了。

这则故事说明什么道理,又给我们怎样的启示呢?

第六节　做作业的习惯

做作业是学习过程中不可缺少的重要环节。首先,做作业的目的是进一步消化、理解课堂上所学的知识。从心理学上讲,知识的学习要经历三个阶段,即新知识的获得、知识的转化和评价。

首先,知识的获得是我们在课堂上通过教师的讲解最初获得新知识的过程;对知识学习的评价是通过测验、考试等手段来实现的;而做作业正是完成知识转化这一过程。

其次,做作业也可以检查自己课堂学习的优劣。如果做作业时很顺利,拿起作业题便迎刃而解,说明课堂上对所学知识掌握得比较好;如果拿起作业题时,不知从何下手,连看书也找不到适当的地方,这说明你在课堂上对所学知识没有真正弄懂。

最后，做作业可以发展学生的思维能力，提出问题、解决问题的过程是一种思维过程。学生在做作业时，面对着各种问题，经过自己的独立思考，深入钻研，不仅使所学知识得以理解、巩固和应用，而且也培养了自己的思维能力。

同学们，好的学习效果、好的学习成绩要从培养良好行为习惯开始，这几乎是一个人人皆知的道理，希望同学们尽快养成好的学习、生活习惯，让我们从今天做起，从现在做起，从小事情做起，在生活和学习中培养自己一个又一个习惯，让好习惯伴随我们终身，成为我们走向成功、走向辉煌的一个个五彩阶梯！

思考与练习

1. 作为一名中职学生，我们应具备哪些好的学习习惯？

2. 对于课前预习，你有哪些好的"独门秘技"？请你写出来，与同学们一起分享。

3. 请你结合自己的实际，说说你是怎样听课的。

第三章　行为习惯养成教育

第一节　遵规守纪　严守公德

著名教育家叶圣陶先生说，"什么是教育，简单一句话，就是要培养良好的习惯""好习惯使人享用一辈子"。中国青少年研究中心的专家孙云晓指出，"习惯决定孩子的命运"，足见培养学生良好行为习惯的重要性。从小养成的良好习惯、优良素质便犹如天性一样坚不可摧。习惯的力量是巨大的，如果形成一个好习惯，将会终生受益，而好习惯更适宜在早期养成。

所谓"习惯"，是指一个人在后天养成的一种自动化的动作行为倾向。习惯不是与生俱来的，它是在生活中形成并逐渐稳固下来的。中国有句老话：积千累万，不如有个好习惯。习惯养得好，终生受福；养得不好，则终生受累。一个教师教给学生的是有限的，而培养一个良好习惯的受益却是无穷的。良好的习惯是孩子所储存的资本，会不断地增值，而人的一生就在享受着它的利息。这正是："播种行为，收获习惯；播种习惯，收获性格；播种性格，收获命运。"

一、行为习惯训练

中职生不良行为习惯的主要表现如下：

一些学生不守纪律，经常迟到、早退、旷课、上课睡觉、闲聊、私自外出、上网打游戏无度、乱扔果皮纸屑、行为放纵、脏话连篇、不讲卫生、早晨不叠被子、几天不洗脚,懒惰成性。不正常吃饭,常是零食不断。而且,这些坏习惯相当顽固,屡教不改。甚至在实习期间,仍然迟到、旷工、散漫,工作不认真,引起用人单位的不满,有的学生甚至被工厂开除,完不成实习任务。

二、中职生行为习惯养成训练的途径和方法

习惯来源于生活,习惯的改变也要在生活中去找途径和办法。中职生在校期间的生活可以大概分为学习、活动、实习、日常起居等。另外,还包括放假期间在家里和社会上的生活。

(一)围绕学生日常生活,培养科学的生活方式,养成良好的生活习惯

首先,宿舍管理员要抓好学生宿舍卫生和作息的管理,定时认真检查,组织清洁卫生差的宿舍参观清洁卫生好的宿舍,让他们学习提高。抓好作息管理、公共用品管理,设表扬栏和警示栏,培养讲卫生、有秩序、守时间的良好习惯。

其次,餐厅管理员要加强学生用餐管理,培养学生珍惜劳动成果的习惯。对乱倒剩饭的学生要严厉惩罚。可以惩罚他们打扫餐厅,并扣除相应学分,还要写出检讨。

学生寝室

食堂就餐

最后,学生处、团委、班主任集中抓好学生上课纪律,比如对学生迟到、早退、睡觉、旷课等行为的检查纠正,对违纪的学生要多谈心、多鼓励,有进步就表扬,要以正面教育为主,辅之以必要的惩罚。在这方面,班主任要在班上营造一种积极向上的氛围,让每个学生都能受到感染。

(二)充分发挥学生干部和学生积极分子在行为习惯养成训练中的作用

见贤思齐,是人之常情。中职生对什么是好,什么是坏,是有分辨力的。学生中的先进分子对他们的影响是客观存在的,而且要比老师的说教更有说服力。所以,学校领导、老师要善于培养发现学生干部和树立先进典型,尤其要把原来差的同学树立为典型,让先进群体不断扩大,落后群体逐渐缩小。

(三)通过组织各种活动加强行为习惯的培养

学校要充分利用歌咏比赛、体育运动会、辩论赛、演讲赛等活动,组织学习训练,尤其是让行为习惯不太好的同学参与其中,无形中改变他们的不良习惯。

三、爱护公物,从我做起

在这里给大家讲一个故事:

在我国吉林省有一所浑江小学,学校不大,只有 80 张课桌,令人称奇的是这 80 张课桌,居然是 1949 年新中国成立那一年做的,历经了 60 多年的沧桑,依然完好无损。在浑江小学,每个学生都有爱护公物的良好品德。

同学们,不知你们是否看到楼道教室的墙壁上污迹斑斑,教室和寝室的桌子、椅子损坏严重,刚安上没几天的安全指示灯被损坏得面目全非,楼道的电灯开关也没几个是完好无损的,甚至有些班级的黑板也被砸得千疮百孔……你有没有想过，不论是有意还是无意，这些行为都对公物造成了损坏，也给其他同学的学习和生活带来了不必要的麻烦，还会增加学校对公物的维修费用。

这次拿个满分！

每当看到这些不文明行为，你也许会皱着眉头嘟囔一句："缺德！"是的，这些人所缺少的正是"公德心"，不讲社会公德，不遵规守纪。他们从来也不曾意识到原来自己也是这些公物的"主人"，不知道公物是大家公用的物品，每一个人都有爱护公物的义务。

"人无德不立，国无德不兴。"公民道德的好坏，体现着一个民族的精神状态，影响着一个民族事业的兴衰。一个人的言行，往往表现出个人素质的高低，进而影响整个集体的总体素质状况。一个公民是否爱护公共设施，从小处讲可以反映出一个人道德素质的高低，一个学校校风的好坏；从大处讲也反映了一个国家文明程度及民族素质的高低。

爱护公物,从我做起;挪动桌椅,小心翼翼。爱护公物,从我做起;开门开窗,轻手轻脚。爱护公物,从我做起;花草树木,切勿攀折。爱护公物,从小事做起;不要在雪白的墙壁上蹬踏留痕。爱护公物,从小事做起;不要让电灯开关粉身碎骨。爱护公物,从身边做起;随手关灯,节约每一度电。爱护公物,从身边做起;捡起地上的纸屑,保持环境卫生。

其实,爱护公物不是一件很难做到的事情,只要同学们平时加以留心,明确怎样做一个品德高尚的人,就能够改掉坏的、不良的习惯,成为一名公共环境的保护者而不是破坏者。

我们全校师生携起手来,全体动员,全员参与,以主人翁的姿态全员管理,杜绝损坏公物、破坏环境的行为。爱护公物从我做起,从小事做起,从身边做起,让美丽的校园在我们每个人的精心呵护下变得更加绚丽多姿,绽放出更加和煦动人的光彩!

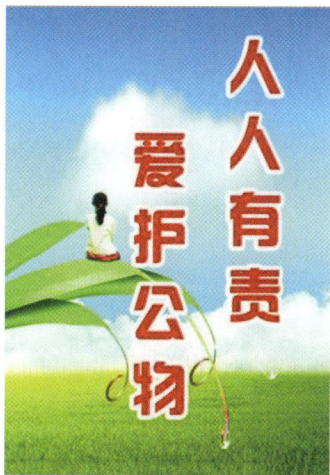

四、爱护环境,从我做起

"爱护环境,从我做起"主题班会方案如下:

1. 活动目标

引导学生关注校园环境的质量,了解存在的问题,加深对环保重要性的认识,从而激发学生热爱环境的情感,并倡议学生从自我做起,爱护环境。

在活动中增强社会责任感,提高环保自觉性,积极投入到一些力所能及的环保活动中去。

在活动中培养学生的思维能力、语言表达能力、组织能力、活动能力和创造能力及相互间的协作意识。

2.活动准备

"创建环保校园"组的同学开展小组调查活动,了解校园环保情况,形成个性化的活动报告。

卡纸、KT板、画笔等(各小组设计环保标语)

3.活动时间

××××年××月××日

4.活动过程

(1)情境导入,激发情感

情境:小品《地球妈妈生病了》

导入:播放地球环境恶化的录像,出示图片:"地球妈妈生病了!"

小品:地球妈妈捂着肚子痛苦地出场,诉说自己的病痛,请宇宙医生给她看病,最后找到病症的根源——人类的活动。地球妈妈向她的孩子——人类发出求救的呼声。学生谈感受。

活动意义与主题

同学们,为了让我们的家园环境不再受到破坏,让我们的生活变得越来越美好,我们必须行动起来,为保护家园环境作出我们应有的贡献! 让我们一起向地球妈妈做一个庄严的承诺吧——(出示课件,学生读:"爱护环境,从我做起。")

(2)开展"创建环保校园"活动。

倡议书

亲爱的老师、同学:

校园是我们的家,学校环境的好坏直接影响着我们学习、生活的质量。保护好校园环境，是我们大家共同的责任和义务。我们倡议全校师生"爱我校园，从我做起"的创建环保校园行动：

一、以爱护校园环境为己任，自觉维护校园的清洁卫生，自觉爱护校园内的花草树木。

二、不在校园内吃口香糖、瓜子、糖果等零食，更不要乱扔残渣废物。

三、每天做好扫除工作，不随地吐痰，不乱扔垃圾，并提醒随地吐痰和乱扔垃圾的同学。

四、看到地面上有纸屑等主动捡起来，教室垃圾桶满了主动倒掉。

让我们立即行动起来，自觉增强保护校园环境的意识，做校园环境小卫士！

积极行动，美化校园

校园是我们的家，学校环境的好坏直接影响着我们学习、生活的质量。保护好校园环境，是我们大家共同的责任和义务。在此，我们倡议全校师生"爱我校园，从我做起"的创建环保校园行动。

（3）现场签名活动

先将环保标语贴在KT板上，做成一块环保标牌。环保宣传员宣布："保护环境，人人有责。爱护家园，从我做起。请支持环保事业的各位同学，加入到环保队伍中，并在这张环保标牌上签下您的名字！"

签名活动

五、讲究秩序，从我做起

著名教育改革家魏书生曾这样说过，"班级像一个大家庭，同学们如兄弟姐妹般互相关心着、帮助着、互相鼓舞着、照顾着、一起长大了，成熟了，便离开了这个家庭，走向了社会"。

可见，一个良好的班集体对于每一个学生的思想形态的形成，对于个性的培养以及良好行为习惯的养成有着巨大的教育作用。如何把班集体这个家庭管理好，形成良好的班风、学风，需要通过班主任和全体同学经过不懈的努力，一点一滴组建培养起来的，作为学生，应该主动自觉地在班主任的组织管理下，遵守班规班纪，维护正常的班级秩序，树立良好的班风和学风。

（一）遵守规章制度，是形成良好的班风、学风的基础

所谓不成规矩，无以成方圆。一规一则，班规班纪都是对合格人才思想品质、个人素质最基本的要求。正因为有了这样的规章制度，如学生一日常规管理，学生日常行为规范，宿舍管理条约等，同学们才能养成良好的行为习惯，有文明礼貌的言谈举止，求实创新的学习风气，活跃热情的课堂气氛，安静有序的自习纪律……我想，也因为有了这些规矩，同学们才能不断提高思想道德素质，为将来的良性发展奠定坚实的基础。

（二）培养集体主义感，是形成良好班风学风的前提

集体主义，也就是全班同学一条心，向着同一个目标前进。要形成良好的班风学风，必须要通过同学们的共同努力，相互团结，互相帮助才能实现。大家知道，散沙是不能凝聚成团的。必须在其中加一些水，才能使它们紧紧黏在一起成团。而在一个班集体中，同学们就像一粒粒沙子，集体主义则成了水。这是因为有了这样的水，这样一股无形的力量，班级中的学生才能紧紧团结在一起，齐进步，共发展。由于大多数是独生子女，优越的家境，长辈的溺爱以及社会上不良风气的影响，使你们中许多人形成了"唯我独尊"自私自利的心理。在家是小皇帝、小公主，在外一切以个人利益为中心，不懂得关心别人、帮助别人，缺乏应有的爱心，更缺乏集体主义观念。为此，同学们必须抛开这种"自我中心"的心理，学会懂得"团结就是力量"，"众人划桨开大船"的道理，在班级中不断培养集体主义精神，个人要服从整体的意识。只有这样，才能形成良好的班风学风，才能把班集体建设好。

（三）加强班团干部的带头作用，是形成良好班风学风的重要保证

每个班级都有一个班委体系，都有一定数量的班团干部作为支撑，但并不是每个学生都可以成为班团干部的。合格的班团干部必须是在班级中表现突出的学生，具有强烈的集体主义感，热爱班级，遵守校规校纪，有积极进取精神，在班级开展的各种活动和学习上都能够起一定的带头模范作用。

班团干部是班级的顶梁柱、主力军和先锋，是形成良好班风学风的重要保证。如果班团干部能在严格要求自己的前提下做到帮带作用，那么良好的班风学风也就不难形成了。没有良好的班风学风，同学们受到的教育就会大打折扣，只有在良好的学习环境中，在良好的班风学风的氛围下，同学们才能树立正确的世界观、人生观、价值观，才能在自己的人生道路上健康地向前不断发展。

同学们，不管以前你们是否做到了上面所述的要求，希望从现在开始，让我们从自己做起，共同努力，自觉遵守一规一则，养成良好的学习生活习惯，树立集体主义观念，携手共建良好的班风学风，建设一个和谐、美好、井然有序的学习生活环境。为了自己，也为了他人，为了实现我们共同的理想，让我们把最美好的呈现出来吧。

六、遵规守纪,严守公德,争做文明人

遵规守纪、严守公德是我们生活和学习得以正常进行的前提,是我们学好科学文化知识的保障,纪律、法律、道德具有强制性,任何人都应当遵守,违规违纪、违背公德、触犯法律都将承担相应的责任。

我们中职学生应该在平常的学习和生活中,严格要求自己,自觉遵守班规校纪,加强道德修养,践行法律要求,努力使自己成为现代社会的合格公民。

课堂训练

1. 怎么区分好的习惯和不好的习惯?

2. 我们应该如何爱护公物?

3. 我们周围还有哪些不文明现象? 遇到不文明现象时,该怎么做?

第二节　能力培养　自主管理

> 每个人都是自己的命运建筑师
>
> ——沙拉斯特
>
> 怎样思想，就有怎样的生活
>
> ——爱默生

自主管理，首先是管好自己，对自己言行的管理，对自己形象的管理，然后再去影响别人，用言行带动别人。

一、学生自主管理的意义

为了贯彻落实《国家中长期教育改革和发展规划纲要（2010—2020年）》，根据《教育部关于进一步深化在中等职业教育教学改革的若干意见（教职成〔2008〕8 号）》精神，以学生自我管理、自我教育、自我服务为重点，积极推进德育创新，努力增强我校德育工作的针对性、主动性和实效性，让学生学会学习、学会生活、学会做人、学会发展，形成良好的校风、学风、班风，促进健康的校园文化建设，提高学生的综合素质和能力。

二、学生自主管理的内容

学生自主管理主要包括三个方面的内容，即自我管理、自我教育、自我服务。

（一）自我管理

每一个学生亲自参与学校的管理和被管理的工作，达到熟悉和了解学校管理机制，发现学生中普遍存在的不足和问题，从而教育学生，使其更好地遵守学校的规章制度,形成良好的校风校貌,提高学生的管理能力。

(二)自我教育

在自我管理的过程中,学生通过管理别人和对比自己,将发现其他同学或自身在日常生活中存在的问题和不足之处,从而受到教育,更新观念,改正错误,提高自己,达到自我教育的目的。

(三)自我服务

在自我管理和自我教育的过程中,学生必然要通过服务他人和服务自己来体现,这决定学生必须学会协作、沟通和交流,从而提高学生的参与意识,为将来走上工作岗位打下坚实的基础。

三、学生自主管理的途径和方法

(一)学生自主管理的途径

学生自主管理是在老师的指导下开展的德育管理活动,学生自主管理主要从三个方面进行。

1.学校管理层面

学校在行课期间,每周安排 1~2 个班级,通过学生自主管理课的方式,引导学生参加自主管理,学生自主管理课内容主要包括:安全与礼仪岗位、清洁卫生岗位、学生纪律纠违岗位三个职业岗位的设置,要求学生每人一岗;同时,学校每天安排老师给参与自主管理课的学生讲两节素质课;学生在一周结束后要写出参与自主管理的感受。

2.班级管理层面

各班主要通过班主任的引导,认真组建班、团、小组长、科代表等干部,利用班级民主讨论,制订有效班规,让班级每位学生参与自主管理,同时将学生管理效果纳入学生德育素质评估中。

3.学生团体管理层面

全校学生在学生会、团委会的带领下,通过各种德育实践活动,每位学生亲自参与、亲身体验,在活动中不断完善自我,从活动中自我发现、自我教育和管理。

【案例】

小张同学是2010级学前教育专业的一名女生,家庭条件较好,进校后行为习惯较差,对老师的要求表现出无所谓的态度,对家长的劝告更是不放在眼里。无论在班上还是寝室里,小张同学从来不做卫生,到她值日时,她就出钱请同学做,还美其名曰帮助贫困同学。2011年,小张所在班参加了学生自主管理课,老师安排她做女生厕所卫生并保洁,小张知道后坚决不同意,和班主任大吵一架。事后,小张很委屈地到学生处要求不做厕所卫生,学生处领导告诉小张:第一,女生厕所清洁一定要做,你不做,其他同学也要做,你不是特殊学生。第二,班主任安排到谁,这个决定不会改变,除非她不能做。第三,把做卫生当作是人生的一次体验,以前没有做,不等于永远不做。小张听后,答应先做做看。三天后,班主任告诉学生处领导,说准备给小张换一换实践岗位,可小张不同意,而且小张完成得非常出色。一周后,在小张的自我总结中写道:"在开始上自主管理课时，我'倒霉'地分到厕所卫生岗位。第一天，我赌气打扫了厕所。做完后，我开始思考妈妈每天在家中都要打扫卫生，长年累月好辛苦，我才做一天就放弃，有点不应该。第二天，做完卫生后，听到有同学讲厕所卫生做得真好，做厕所卫生的同学了不起……我听后心里美滋滋的，因为我的劳动成果得到了大家的认可，今后自己也要尊重别人的成果。一周下来，尽管厕所很脏、很臭，做卫生很累，但我收获了很多很多，我理解了父母的生活艰辛，懂得了尊重别人，享受了努力劳动的快乐，也找到了真正的自己，今后我会更加努力，不辜负老师和家长的期望，老师，对不起！感谢学校给我这次实践的机会……"

小张同学的故事告诉我们，学生自主管理不仅仅是单一地"管"，更重要的是通过自主管理达到个人体验，与其听烦了老师和家长的教育，不如真正到岗位去体验一次，得到的收获一定会超出你的想象。

（二）学生自主管理的方法

学生自主管理不是"放羊"式的、盲目的学生管理，而是在学校老师或部门的引导下，根据学生的特点，有目的、有内容、有途径地开展的有效德育活动。核心是以学生为本，充分调动和发挥学生的主观能动性，学生自主管理的方法主要有：

一是学习的方法。学生自主管理是一种德育实践活动，它需要科学的世界观作指导，也需要科学文化知识和道德理论作基础。学生需要不断地学习课堂外的科学知识，才能充分把握管理的目的和意义。

二是自我反省的方法。学生自主管理的过程，实质上就是不断地克服错误的道德观念、道德情感和道德行为，逐步培养社会主义的职业道德品质，提高职业道德境界的过程。学生在德育活动中通过自我反省，能不断完善良好的行为，矫正不良习惯，达到管理的目的。

三是开展活动的方法。学生自主管理就是德育活动的过程，通过大量的实践活动，是开展有效德育活动的重要方法，学生在活动中可以充分发挥自己的能力,寻找人生的真谛,从而达到自我服务的目的。

四、学生自主管理的基本要求

学生自主管理是以教师指导为辅,学生自我管理为主的德育实践活动,其基本要求主要有三个方面。

(一)制订科学的学生自主管理指导内容和管理制度

学生自主管理要充分体现教师指导,学生自治的原则,在制订学生自主管理的内容上,要从学校学生管理的实际出发,注重学生的行为习惯养成、职业道德培养等,特别要以注重学生的全面和长期发展为根本,真正体现以学生为本的德育实践内容。在管理制度上,应注重分类管理和考核,科学引导,积极调动学生观察、分析、自我反省的能力,防止制订片面的、强制干预式的管理制度。

(二)教师的综合素质要求

师高弟子强。学生自主管理需要指导教师良好的工作素养和强烈的责任心,特别是教师的以身作则更能给学生以非常好的示范作用,教师的综合素质在学生自主管理中起到了"活教材"的作用。学生职业道德和职业操守的培养很大一部分取决于教师的示范作用,这就要求教师不论从学生管理的要求、安排还是引导学生参与自主管理的过程,都对教师提出了更高的标准,所以教师综合素质的高低影响了学生自主管理的效果。

（三）学生适应能力的要求

学生自主管理的关键是学生自己的适应能力和转变过程,这取决于学生自身的思考和行动。学生到学校是接受学校的教育而不是简单地学习文化知识,教育的方式本身也是多维度的表现。自主管理是由内而外的体验式的教育方式,所以对学生而言,能适应就是一种能力的表现。关键是能否明确管理的目的和内容,能否理解接受教育的方式。比如有的同学对做卫生不理解,所以就有抱怨情绪甚至不服从岗位的安排。所以,自主管理对每个学生的适应能力是一个相当的考量。

【案例】

小刘是 2011 级数控班的一名男生,进校成绩较好,但经常违纪,属于"小错不断,大错也犯"的学生,后来受到了学校留校察看的处分。学生处老师找他谈话,为什么总是小错不断? 小刘说自己也不想违纪,关键是"管"不住自己,比如上课迟到、上课玩手机等。老师问他到学校来做什么? 他说读书,自己成绩还可以。老师告诉他:"每位同学到学校来不仅仅是读书,更重要的是接受教育,读书只是教育中非常重要的内容,既然是接受教育就要懂得教育不仅仅是老师和家长的教育,还有自我的不断反省,每次违纪,你反省过吗? 为什么没有呢? 主要是到校学习缺乏学习目标,没有考虑自我的长期发展。学习是学生自己的责任不是老师或家长的责任,老师和家长只是引导,更重要的是自我的努力。建议小刘每天都对自己在校的学习、生活事件进行一个反思,对做得好的进行自我表扬,对做得差的进行自我批评。"听完老师的劝告,小刘陷入沉思,他问老师:"我已经是留校察看处分了,学校会对我另眼相看吗?"老师告诉他,在学校老师都会无限放大同学的优点,哪怕一点点进步,学校都会认可的。小刘听后表示一定会认真反思,改变自己。经过一年的努力,小刘不仅改正了缺点，还通过了中级工考试，被评为优秀学生。毕业后的他回校告诉老师，他已经是一家大型企业的技术骨干，企业领导很看重他的综合能力。他记住了老师的一句话："教育的过程就是自我反省的过程，在学校不仅仅是读书，还有比读书更重要的事。"中职学生由于缺乏对教育的真正含义的理解，所以自身的行为习惯较差，行为反思的过程也是自我教育、自我管理的过程，在实际学习中也非常重要。

课堂讨论

1. 如何在班级管理中开展学生自主管理？

2. 在学校自主管理中，你觉得自己应该如何融入自主管理中？

3. 学生自主管理仅仅是管住自己吗？为什么？

第四章　安全教育

第一节　交通安全常识

一、道路交通安全常识

（一）指挥灯信号的含义

第一，绿灯亮时，准许车辆、行人通行。

第二，红灯亮时，不准车辆、行人通行。

第三，黄灯亮时，不准车辆、行人通行，但已超过停止线的车辆和已经进入人行横道的行人，可以继续通行。

第四，黄灯闪烁时，车辆、行人须在确保安全的原则下通行。

（二）行人必须遵守下列规定

第一，须在人行道内行走，没有人行道的，须靠边行走。

第二，横过车行道，须走人行横道。

第三，不准穿越、倚坐道口护拦。

第四，不准在道上扒车、追车、强行拦车或抛物击车。

第五，列队通过道路时，每横列不准超过 2 人。儿童的队列须在人行道上行进。

（三）乘车人必须遵守下列规定

第一，乘坐公共电、汽车须在站台或指定地点依次候车，待车停稳后，先下后上。

第二,不准在车行道上招呼出租汽车。

第三,不准携带易燃、易爆等危险物品乘公共汽车、电厂、出租汽车和长途汽车。

第四,机动汽车行驶中,不准将身体任何部分伸出车外,不准跳车。

第五,乘坐货运机动车时,不准站立,不准坐在车厢拦板上。

(四)骑自行车、三轮车必须遵守下列规定

第一,转弯前须减速慢行,向后瞭望,伸手示意,不准突然猛拐。

第二,通过陡坡、横穿四条以上机动车道或途中车闸失效时,须下车推行。

第三,不准双手离把,攀扶其他车辆或手中持物。

第四,不准牵引车辆或被其他车辆牵引。

第五,不准扶身并行,互相追逐或曲折竞驶。

第六,骑三轮车不准并行。

第七,未满16周岁的人,不准在道路上赶畜力车,未满18岁,不准驾驶机动车(摩托车)。

第八,未满12周岁的儿童,不准在道路上骑自行车、三轮车和推、拉人力车。

二、水上交通安全常识

第一,不乘坐无牌无证船舶。

第二,不乘坐客船、客渡船以外的船舶。

第三,不乘坐超载船舶或人货混装的船舶。

第四,集体乘船应注意:要有老师带队,上下船要排成队,不得打闹、走动;要听从船上工作人员指挥,维护好船上秩序。

三、铁路交通安全常识

行人和车辆通过铁路道口时应注意:

第一,行人和车辆在铁路道口、人行过道及平过道处,发现或听到有火车开来时,应立即躲避到距铁路钢轨2米以外处,严禁停留在铁路上,严禁抢行超过铁路。

第二,车辆和行人通过铁路道口,必须听从道口看守人员和道口安全管理人员的指挥。

第三,凡遇到道口栏杆(栏门)关闭、音响器发出报警、道口信号显示红色灯光,或道口看守人员示意火车即将通过时,车辆、行人严禁抢行,必须依次停在停止线以外,没有停止线的,停在距最外股钢轨5米(栏门或报警器等应设在这里)以外,不得影响道口栏杆(栏门)的关闭,不得撞、钻、爬越道口栏杆(栏门)。

第四,设有信号机的铁路道口,两盏红灯交替闪烁或红灯稳定亮时,表示火车接近道口,禁止车辆、行人通行。

第五,红灯熄白灯亮时,表示道口开通,准许车辆、行人通行。

第六,遇有道口信号红灯和白灯同时熄灭时,需停车和止步瞭望,确认安全后,方准通过。

第七,车辆、行人通过设有道口信号机的无人看守道口以及人行过道时,必须停车或止步瞭望,确认两端均无列车开来时,方准通行。

第八,严禁在铁路路基上行走,乘凉、坐卧钢轨。

第九,严禁在站内或区间内铁路上逗留、游逛、穿越或捡拾物品。

第十,严禁扒车、钻车、跳车和无票乘车。

第十一,禁止行人通过铁路桥梁和通过铁路隧洞。

养成教育
下册

第二节 消防安全常识

一、常见的火源

燃烧必须具备三个条件：有可燃物、有助燃物、有着火源。常见的火源有：明火、高温物体、火星、电火花、强光等。

二、引起火灾的因素

生活中引起火灾的因素主要包括：用火不慎、用电不慎、用油不慎、用气不慎、吸烟不慎、玩火、燃放烟花爆竹等。

三、学校及公共场所防火

第一，禁止学生携带烟花、爆竹、砸炮、火柴、打火机、汽油等易燃易爆物品进校。

第二，实验用的易燃易爆物品，要有专门库房存放，随用随领，不要在现场存放。

第三，注意经常检查电器设备的安装使用情况，用完后要切断电源。

第四，不带火种、不携带易燃易爆物品（如汽油、酒精等）去公共场所，或乘坐公共交通工具。

四、山林防火

第一，教师和家长带孩子外出野游、清明祭祖时不要带火种进山，更不准在山林地区吸烟。

第二，学校组织学生到山林地区旅游时，严禁组织野炊、篝火等活动。

五、家庭防火

(一)安全使用炉火

第一,烟囱要远离电线、顶棚、木墙壁和木门窗等,至少相隔0.2米。

第二,炉体周围应有防护或离开可燃物0.5米以上。

第三,清除炉灰、炉渣时不要乱倒,不可接触可燃物,最好要有固定的安全地方,刮风天倒炉灰更应注意。

第四,生火时千万不要用汽油、柴油和酒精等引火。

(二)安全使用天然气和液化石油气

第一,液化石油气灶具不能放在卧室、办公室、阳台或仓库、礼堂等公共场所内,以防漏气失火。

第二,正确掌握开关的使用方法,要火等气,不要气等火,用毕切记关阀门、开关,阀门坏了要及时更换。不要让儿童使用灶具或随意玩弄开关。

第三,使用液化气时,要有人看管,不可远离,随时注意调节火头的大小,防止汤水外溢浇灭火焰或被风吹灭火焰,引起跑气。

第四,液化气罐应直立,不能倒放,更不能用开水泡或火烤。

第五,如发现有气漏出,应立即采取措施:打开门窗,以便通风换气(但不能用电扇吹),然后查找漏气部位。

(三)灭火基本知识

隔离法:这是一种消除可燃物的方法,用沙土或浸湿的棉布覆盖在燃烧物上。

冷却法:用水或干粉灭火剂喷射到燃烧物上,将燃烧物的温度降低到燃点以下,迫使物质燃烧停止;或将水和灭火剂喷洒到火源附近的可燃物上,降低可燃物温度,避免火情扩大。

(四)报警

一旦发生火灾,要迅速打电话"119"向消防队报警,并立即组织人员扑救。扑救时要先救人后救物,先重点后一般,先断电后救火,并注意顺风救灾,特别是野外火场。灭火时一般就地取材,如用水、沙、土等灭火器材,特别要设法控制火势蔓延。严禁动员组织中小学生参加山林火灾的扑救工作。同时要加强不准中小学生参加扑救森林火灾的教育管理,遇有自发扑救森林火灾的情况,学校和有关部门应及时加以劝阻,以防止发生不必要的人身伤亡事故。

（五）报警注意事项

第一,要说明失火单位或住户所在的区(县)、街道或乡、村。有重名时,要区别开来,以免找错。地名或单位名称有相似或易混的字,要加以强调,说得清楚明白。

第二,要报清、报全单位和街、巷名称,不要用简称。

第三,要说明是什么物质着火和火势大小。这样便于消防队根据燃烧对象和火势大小来决定其出动的车辆和警力。

第四,要说明报警人的姓名和所用电话的号码,因报警人所用电话往往离火场较近,消防队在出动力量到达之前,可以用此电话进行询问火势发展情况,便于指挥调动。

第五,报警后,应由熟悉情况的人到离火场最近的路口迎候消防车或指引通道,提供水源位置等情况,以便迅速灭火。

（六）自救与逃生

1.楼房火场逃生

第一,要镇静分析,不要盲目行动。要明确自己所在的楼层,要回忆楼梯和楼门的位置、走向;分析周围的火情,不要盲目开窗开门,不然会助长火势,也不要盲目乱跑,跳楼,以免造成不应有的伤亡。

第二,要选好逃生办法,不要惊慌失措。如必须从烟火中冲出楼房,要用湿毛巾、衣服等包住头脸,尤其是口鼻部,低姿行进,以免受呛窒息。如下楼虽已有火,但火势不大,就从楼梯冲出去。如果各种逃生路均被大火切断,应退回室内、关闭门窗,有条件的可向门窗上浇水,以阻止火势蔓延，也可向窗外扔小东西、打手电以求救。

第三，在失火的楼房内不可用电梯。

第四，如家用电器或燃气灶起火，应迅速关掉电源或炉灶开关，千万不能往电器、电线或燃气灶上泼水。

2. 人身着火自救

如果身上着火，千万不能奔跑，否则会越烧越旺。可设法脱去衣帽，来不及可撕开扔掉。如再来不及可卧倒在地上打滚，或跳到池塘、水池、小河中。如果有其他人在场，可用湿麻袋、毯子等把人身上的火包起来，切不可用灭火器直接向着火人身上喷射，因为药剂会引起伤口感染。

第三节　活动安全常识

一、学生参加企业生产和社会实践活动安全

组织学生参加企业生产和社会实践活动，事先必须对学生进行安全教育，制订安全预案，特别要强调遵守纪律，服从管理，听从指挥，活动在教师的指导下进行。不准组织学生参加有毒、有害、高温、繁重体力劳动等特种作业。

（一）防止触电

第一，不要用湿手、湿布触摸、擦拭电器外壳，更不要在电线上晾衣服或悬挂物体，或将电线直接挂在铁钉上。

第二，发现绝缘层损坏的电线、灯头、开关、插座要及时报告，请专人检修，切勿乱动。

第三，万一遇有电气设备引起的火灾，要迅速切断电源，然后再灭火。

第四，发现有人触电时，要先使触电者尽快脱离电源，再采取其他抢救措施。远离高压带电体。

（二）防止落物伤害

第一，进入建筑施工现场，必须按规定道路行走，必须戴安全帽。

第二，起重装卸、吊运物品的下面严禁站立、通行。

二、体育活动安全常识

第一，体育老师要讲清体育活动安全。

第二，不得上"放羊式"体育课，活动时老师不得离开。

第三，学生不做不安全的活动。

第四，在无人保护下不做危险活动。

三、学生住宿安全

第一，不得允许非住宿人员入住宿舍。男生不准进入女生寝室，女生不准进入男生寝室。

第二，不得私自接用电器电线。手机充电按规定进行，充满后应及时关闭电源。不准使用大功率电器。

第三，不准在宿舍内追逐打闹。

第四，不准将贵重物品带入宿舍，个人物品请妥善保管，并加锁存放。

第五，不准在宿舍内使用蜡烛照明。

四、校外集体活动安全常识

第一，组织学生参加校外集体活动，一定要事先经学校研究，做出周密计划，制订安全预案，严格组织，并有学校负责人或教师带队。要事先派人勘查活动场地、环境。要实施大型集体外出活动报上级主管部门审批的制度。

第二，活动中如需使用交通工具时，必须符合安全要求，不得超员运载，不得乘坐没有驾驶执照的人员驾驶的车、船。

第三，参加校外集体活动的场所、建筑物和各项设施必须坚固安全，出入道口畅通,场内消防设备齐全有效,放置得当。

第四,到浏览区和游乐场所活动,一定要注意其合理容量。不要组织学生到超容量的地方或场所活动。

第五,学校组织学生参加勤工俭学和社会公益劳动,必须坚持安全、无毒、无害和力所能及的原则。要加强劳动组织,重视劳动保护,教育学生遵守劳动规则。

第六,组织学生参加有关单位举办的集体活动,必须有安全保障措施。在没有严密的组织工作和切实的安全措施情况下,无论是何单位组织的活动,学校都可以拒绝参加。

第四节　饮食卫生及疾病防控安全常识

一、饮食卫生安全常识

第一,养成良好的个人卫生习惯,饭前、便后要洗手。

第二,不购买三无食品饮品(无产地、无生产日期、无保质期)。

第三,学校要做好食品的采购、运输、贮存等过程的卫生工作,防止食品源污染及食品中毒事故发生。

第四,学生食堂必须保持环境整洁,消除苍蝇、老鼠等有害昆虫及其藏生条件。

第五,学生食堂工作人员炊事管理人员必须每年进行健康体检。

第六,学生不得购买无证摊贩的食品。

二、疾病防控安全常识

第一,早发现、早诊断、早报告、早隔离、早治疗。

第二,对病人污染的教室、宿舍、厕所等地方要进行消毒,病人的个人

养成教育

物品(毛巾、床单等)要及时消毒,不得擅自使用。

第三,加强卫生教育,培养学生良好的卫生习惯。

第四,建立必要的卫生制度,加强经常性的卫生管理。开展晨检工作。

第五,提高易感者的免疫能力。加强体育锻炼,保证必要的营养供给,合理安排生活作息制度。有计划地进行预防接种。

第五节　防震减灾自救安全常识

一、公众防震知识

(一)地震是怎样发生的

由于地球不断运动和变化,逐渐积累了巨大的能量,在地壳某些脆弱地带,造成岩石突然发生破裂,或者引发原有断层的错动,这就是地震。地震绝大部分发生在地壳中。

(二)做好家庭防震准备

第一,在地震危险区、多震区、已发布地震预报地区的居民须制订家庭防震计划。

第二,须根据政府或有关部门的防震要求,准备食品和饮料。看一看自家住房结构是怎样的,有没有不利抗震的地方。摸清周围环境的情况。

第三,住房的建造质量好不好? 是否年久失修? 不利抗震的房屋要加固,不宜加固的危房要撤离。住房的结构是否有利抗震? 女儿墙、高门脸等笨重的装饰物品应拆掉。

第四,合理放置家具、物品。把墙上的悬挂物取下来或固定住,防止掉下来伤人。清理杂物,让门口、楼道畅通。把易燃易爆和有毒物品放在安全的地方。固定高大家具,防止倾倒砸人;家具物品摆放做到"重在下、轻在上"。把牢固的家具下方腾空,以备震时藏身。准备一个家庭防震包,放在便于取到处。

二、遇到地震时的自救求生

大震的预警现象,预警时间和避震空间的存在,是震时人们能够自救求生的客观基础,只要掌握一定的避震知识,事先有一定准备,震时又能抓住预警时机,选择正确的避震方式和避震空间,就有生存的希望。震时是跑还是躲,我国多数专家认为:震时就近躲避,震后迅速撤离到安全地方,是应急避震较好的办法。避震应选择室内结实、能掩护身体的物体下(旁)、易于形成三角空间的地方,开间小、有支撑的地方,室外开阔、安全的地方。

(一)学校的避震

正在上课时,要在教师指挥下迅速抱头、闭眼、躲在各自的课桌下。在操场或室外时,可原地不动蹲下,双手保护头部,注意避开高大建筑物或危险物。不要回到教室去拿取手机等个人钱物。震后应当有组织地撤离。必要时应在室外上课。

(二)家庭的避震

地震预警时间短暂,室内避震更具有现实性,而室内房屋倒塌后形成的三角空间,往往是人们得以幸存的相对安全地点,可称其为避震空间。这主要是指大块倒塌体与支撑物构成的空间。室内易于形成三角空间的地方是:炕沿下、坚固家具附近;内墙墙根、墙角;厨房、厕所、储藏室等开间小的地方。注意千万不要跳楼,不要站在窗台,不要到阳台上去,不要乘坐电梯。

(三)公共场所的避震

听从现场工作人员的指挥,不要慌乱,不要拥向出口,要避免拥挤,要避开人流,避免被挤到墙壁或栅栏处。

在影剧院、体育馆等处:就地蹲下或趴在排椅下;注意避开吊灯、电扇等悬挂物;用书包等保护头部;等地震过去后,听从工作人员指挥,有组织地撤离。

在商场、书店、展览馆、地铁等处:选择结实的柜台、商品(如低矮家具等)或柱子,以及内墙角等处就地蹲下,用手或其他东西护头;避开玻璃门窗、玻璃橱窗或柜台;避开高大不稳或摆放重物、易碎品的货架;避开广告牌、吊灯等高耸或悬挂物。

(四)户外的避震

就地选择开阔地避震:蹲下或趴下,以免摔倒;不要乱跑,避开人多的地方;不要随便返回室内;在行驶的电(汽)车内:抓牢扶手,以免摔倒或碰伤,降低重心,躲在座位附近,地震过去后再下车。

(五)遇到特殊危险时的自救方法

燃气泄漏时:用湿毛巾捂住口、鼻,开窗通风,不使用开关,千万不要使用明火,不要马上拨打电话报警,以免燃气爆炸。

毒气泄漏时:遇到化工厂着火,毒气泄漏,不要向顺风方向跑,要绕到上风方向去,并尽量用湿毛巾捂住口、鼻。

遇到火灾时:趴在地上,用湿毛巾捂住口、鼻,应立即向安全地方转移,要匍匐,逆风前进。

注意避开的危险场所:生产危险品的工厂;危险品,易燃、易爆品仓库等。

(六)被埋压如何处理

震后,余震还会不断发生,你所处的环境还可能进一步恶化,你要尽量改善自己所处的环境,稳定下来,设法脱险。设法避开身体上方不结实的倒塌物、悬挂物或其他危险物;搬开身边可搬动的碎砖瓦等杂物,扩大活动空间。注意,搬不动时千万不要勉强,防止周围杂物进一步倒塌;设法用砖石、木棍等支撑残垣断壁,以防余震时再被埋压;不要随便动用室内设施,包括电源、水源等,也不要使用明火;闻到煤气及有毒异味或灰尘太大时,设法用湿衣物捂住口、鼻;不要乱叫,保持体力,用敲击声求救。

（七）积极参加自救互救

救人方法:挖掘被埋压人员时应保护支撑物,以防进一步倒塌伤人;使伤者先暴露头部,清除其口鼻内异物,保持呼吸畅通,如有窒息,立即进行人工呼吸;被压者不能自行爬出时,不可生拉硬扯,以免造成进一步受伤;脊椎损伤者,搬运时,应用门板或硬担架;当发现一时无法救出的存活者时,应立下标记,以待救援。

救人原则:先救近,后救远;先救易,后救难;先救青壮年和医务人员,以增加帮手。

（八）灾后特殊情况下的生活小常识

第一,注意饮食和个人卫生。

第二,搭建和居住防震棚要注意防火。

第三,积极投入恢复重建工作。

第六节　生活安全常识

中职学生虽然大多数未成年,但已经不同程度地接触了社会。目前社会上还存在违法犯罪现象,中职学生遭到不法分子侵害的情况也时有发生。所以,中职学生很有必要学会正确认识遇到的人和事,明辨是非,区分真善美和假恶丑,提高预防各种侵害的警惕性,消除对危险的麻痹和侥幸心理。同时也要树立自我防范意识,掌握一定的安全防范方法,增强自身的防范能力,使自己在遇到异常情况时,能够冷静、机智、勇敢地应付。

一、受到不法分子侵害如何报警

中职学生受到违法犯罪分子的直接威胁和侵害,仅凭同学们自身的力量很难防范,最有效的方法就是向公安部门报告。

第一,匪警电话的号码是110。这个号码应当牢记,以便发生异常情况时及时拨打。

第二,拨打110电话,要简明、准确地向公安部门报告案件发生的地点、时间、当事人、案情等内容,以便公安部门及时派员处理。

第三,打报警电话是事关社会治安管理的大事,千万不要随意拨打或以此开玩笑。

二、怎样避免陌生人闯入家中

第一,当同学们独自在家时,要注意避免陌生人进入而发生意想不到的危险。

第二,独自在家,要锁好院门、防盗门、防护栏等。

第三,如果有人敲门,千万不可盲目开门,应首先从门镜观察或隔门问清楚来人的身份,如果是陌生人,不应开门。

第四,如果有人以推销员、修理工等身份要求开门,可以说明家中不需要这些服务,请其离开。如果有人以家长同事、朋友或者远方亲戚的身份要求开门,也不能轻信,可以请其待家长回家后再来。

第五,遇到陌生人不肯离去,坚持要进入室内的情况,可以声称要打电话报警,或者到阳台、窗口高声呼喊,向邻居、行人求援,以震慑迫使其离去。

第六,不邀请不熟悉的人到家中做客,以防给坏人可乘之机。

三、外出或在公共场所自我防范

外出或在公共场所,同学们遇到的社会情况会比较复杂,尤其需要提

高警惕,在自我防范方面应当注意:

第一,应当熟记自己的家庭住址、电话号码以及家长姓名、工作单位名称、地址、电话号码等,以便在急需联系时取得联系。不将自己及家里有关信息告诉陌生人。在手机里存储父母电话号码,一定要使用名字,而不用称谓。

第二,外出要征得家长同意,并将自己的行程和大致返回的时间明确告诉家长。

第三,外出游玩、购物等最好结伴而行,不独来独往,单独行动。

第四,不接受陌生人的钱财、礼物、玩具、食品,与陌生人交谈要提高警惕。

第五,不把家中房门钥匙挂在胸前或放在书包里,应放在衣袋里,以防丢失或被坏人抢走。

第六,不独自往返偏僻的街巷、黑暗的地下通道,不独自一人去偏远的地方游玩。

第七,不搭乘陌生人的便车。

第八,衣着朴素,不戴名牌手表和贵重饰物,不炫耀自己家庭的富有。

第九,携带的钱物要妥善保存好,不委托陌生人代为照看自己携带的行李物品。

第十,不接受陌生人的邀请同行或做客。不接受网友的见面请求,不与网友见面。

第十一,外出要按时回家,如有特殊情况不能按时返回,借宿同学家时,应告知家长。

第十二,不得进入法律法规规定的禁止未成年人出入的营业场所。

四、被歹徒盯上怎么办

社会上一些不法分子,为了某种目的,常会以中职学生作为侵害对象,遇到这种情况可以采取下列措施:

第一,发现被歹徒盯上,不能惊慌,要保持头脑清醒、镇定。同时,根据自己的体力和心理状态、周围情况、歹徒的动机来决定对策。

第二,如果只是被歹徒盯上,应迅速向附近的商店、繁华热闹的街道转移,那些地方人来人往,歹徒不敢胡作非为;还可以就近进入居民区、求得帮助。

第三,如果被歹徒纠缠,应高声喝令其走开,并以随身携带的雨伞和就地捡到的木棍、砖块等作防御,同时迅速跑向人多的地方。

第四,遇到拦路抢劫的歹徒,可以将身上少量的财物交给歹徒,应付周旋,同时仔细记下歹徒的相貌、身高、口音、衣着、逃离方向等情况,待事后立即向民警或公安部门报告。

第五,如果遇到凶恶的歹徒,自己又无法脱离危险,就一定要奋力反抗,免受伤害。反抗时,要大声呼喊以震慑歹徒;动作要突然迅速,打击歹徒的要害部位,在此过程中要不断寻找机会脱身。

第六,应切记,不到迫不得已时不要轻易与歹徒发生正面冲突,最重要的是要运用智慧,随机应变。

五、学生宿舍的安全防范措施

学生宿舍,特别是女生宿舍,也常常成为不法分子侵害的目标。学生宿舍的安全防范应注意:

第一,增强自我保护意识,提高警惕性,不给坏人可乘之机。

第二,晚上入睡前要关好门窗,并检查插销是否牢固。将门锁反锁。

第三,夜晚有人来访,不轻易开门接待;陌生人来访,一定不要开门,坚决将其拒之门外。

第四,夜晚到室外上厕所,要穿好衣服,结伴同行,最好携带电筒以及防卫用具等。

第五,一旦遭受袭击,要团结一致,利用各种工具坚决自卫,与坏人搏斗,同时大声呼救或者设法报警,以求得救援。

附

中职学生安全教育知识自测试题

一、填空题(每小题1分,本大题共20分)

1.电器打开时,不要用湿布擦拭,也不要用湿手按开关或拔插头,这样都容易( )。

2.进入公共场所,一定要注意观察安全通道和( )位置。

3.全国中小学生安全教育日是每年3月份最后一个星期( )。

4.几种易引起食物中毒的常见蔬菜有( )的马铃薯(土豆)、( )的四季豆(扁豆、豆角),( )的甘蔗。

5.我国火警的电话号码是( )。该电话不能随意拨打,对阻拦报火警的,将以消防法处以警告、罚款或者( )日以下拘留。

6.《消防法》规定,教育、劳动等部门应当将消防知识列入( )内容。

7.电褥子要选用合格产品,打开电源使用时不要将电褥子( )。

8.我国法律明文规定禁止未满( )周岁人员进入网吧。

9.中小学生"行为规范"中要求在校学生不要吸烟。香烟中含有( )一氧化碳、焦油等有害物质。

10.在紧急情况下,供人员疏散的出口为( ),一般公共场所、大型商场、宾馆、饭店都设有( )标志,如遇紧急情况可寻找这些标志逃生。

11.江泽民同志关于消防工作的三句话是:隐患险于明火、防范胜于救灾、( )。

12.在消防用水管道上,有一种带顶盖和大小出水口及阀体组织的装置,表面是红色的,一般都集中在城市道路两旁是专供灭火时接水用的,它的名字叫( ),我们都应该保护它。

13.任何人发现火灾时,都应立即( )。

14.在校内要注意,在( )、通道、台阶、厕所、出口等处避免发生拥挤、拥堵、踩踏造成伤亡。

15.如果发现煤气、液化气泄漏时,应立即( )阀门,( )门窗,切勿触动电器开关和使用明火。

16.吸烟既危害健康又易引起火灾。一个小小的烟头,表面温度却有200~300 ℃,

而中心温度则高达(　　)℃,遇到可燃物极易引起火灾。

17. 睡觉时被烟呛醒,应迅速下床冲出房间,不要等穿好了衣服才往外跑,此刻(　　)就是生命。

18. 上下学行路应走人行横道,横过车行道或路口必须走(　　),并注意人行横道信号灯、车辆转向灯。

19. 校内劳动时要注意,擦拭电器应先(　　)电源。

20. 路口交通信号灯(　　)亮时,准许车辆和行人通过。(　　)灯亮时,不准行人和车辆通行,但已过停车线的已进入人行横道的行人可继续通行。(　　)灯亮时,不准车辆和行人通行。

二、判断题(每小题2分,本大题共16分)

1. 公安消防部队扑救火灾,可以向发生火灾的单位和个人收取一定费用。
(　　)

2. 小明放学回家后,闻到室内有很强的煤气味,他立即打开电灯查看。(　　)

3. 干粉灭火器适用于油类、可燃气体和电器设备的初期灭火。(　　)

4. 影剧院发生火灾,如果烟雾太大或突然断电,应沿着墙壁摸索前进,不要往座位下、角落里乱钻。(　　)

5. 实验课上使用的化学药品,有些是易燃品,所以操作时一定要按老师的要求做,不要随意自行配制药品和违反操作规程。(　　)

6. 汽车在翻车过程中,较好的自救方法是抓紧车内固定物体。(　　)

7. 交通标志的主要作用是控制交通流量、速度,合理组织和科学疏导车辆、行人通行。(　　)

8. 在有交警手势指挥的路口,车辆、驾驶人员应按交通信号灯的指示信号行驶。
(　　)

三、选择题(每小题2分,本大题共34分)

1. 在室外遇到雷雨时,下面哪种做法不容易出现危险?(　　)

　　A. 躲到大树下

　　B. 躲到广告牌下

　　C. 无处可躲时,双腿并拢、蹲下身子

2. 当你走到马路中间的时候,有一辆车开了过来,你应该怎么做更安全?(　　)

　　A. 赶紧往回跑

B.赶紧冲过马路

C.站在马路中间的横线上让车辆通过

3.小明每天上学都要通过一个铁路道口,你觉得他怎样做最安全?( )

A.直接从铁路上穿过去

B.看看左右没火车就快速走过去

C.在准许通过的信号灯亮时再通过

4.如果身体出现了不明原因的疼胀,不要随便吃止痛药,主要原因是什么?( )

A.不一定能止痛

B.吃了会有副作用

C.止痛药可能会掩盖病因,不方便医生对症下药

5.如果你不幸溺水,当有人来救你的时候,你应该怎样配合别人?( )

A.紧紧抓住那人的胳膊或腿

B.身体放松,让救你的人托着你的腰部

C.用双手抱住对方的身体

6.陌生网友约你见面,你觉得下面哪些做法不符合《青少年网络安全公约》的原则。( )

A.和他约好地点后见面

B.由父母陪同见面

7.坐在火车上,对面的叔叔请你喝他带的可乐,你觉得哪种做法最妥当?( )

A.向他表示感谢,但不接受他的可乐

B.接过可乐,并说声"谢谢"

C.不吭声、保持沉默

8.如果在校外有人向你勒索钱财,事后最应该做什么?( )

A.不能让任何人知道这件事,免得遭报复

B.以后每天带点钱,免得没钱挨打

C.尽快告诉爸爸妈妈或老师

9.如果被绑架,你觉得对自己更有利的做法是什么?( )

A.大声斥责绑架者

B.绝食

C. 假装与绑架者合作,然后再伺机逃跑

10. 在火场中,充满了各种各样的危险:烈焰、高温、烟雾、毒气等。下面几种保护措施,哪一条是不正确的?（　　　）

　　A. 在火场中站立、直行,并大口呼吸

　　B. 迅速躲避在火场的下风处

　　C. 用湿毛巾捂住口鼻,必要时匍匐前行

11. 当身上衣服着火时,立即采取的正确灭火方法是什么?（　　　）

　　A. 赶快奔跑灭掉身上的火苗

　　B. 就地打滚压灭身上的火苗

　　C. 用手拍打火苗,尽快撕脱衣服

12. 下面的哪些做法会导致触电?（　　　）

　　A. 刚洗过手未来得及擦干就去拔电插头

　　B. 在电线杆附近放风筝

　　C. 在有"高压危险"字样的高压设备5米外行走

13. 你知道下面哪些病是传染性极强的疾病?（　　　）

　　A. 非典型肺炎

　　B. 艾滋病

　　C. 癌症

14. 以下放学路上的哪些行为可能会给自己带来危险?（　　　）

　　A. 看热闹

　　B. 为问路的陌生人带路

　　C. 和同学一起跑步回家

15. 油锅着火时,正确的灭火方法是什么?（　　　）

　　A. 用水烧

　　B. 用锅盖盖灭

　　C. 赶快去端油锅

16. 当你独自在家,有陌生人敲门时,最好的做法是什么?（　　　）

　　A. 始终不开门

　　B. 觉得对方的理由充分就开门

　　C. 把门打开,问他有什么事

17.下列物品在家庭中储存时,火灾危险性最大的是(　　　)。

　　A.汽油

　　B.酱油

　　C.豆油

四、简答题(每小题10分,本大题共30分)

1.遇到歹徒敲诈抢劫怎么办?

2.你认为我校易发生哪几种类型的安全事故?应该怎样预防?

3.乘坐机动车应该注意什么?

参考答案

一、填空题

1.触电　2.安全出口　3.一　4.发芽　炒煮不熟　发霉　5.119　10　6.教育培训　7.折叠　8.18　9.尼古丁　10.安全门　安全指示　11.责任重于泰山12.消火栓　13.报警　14.楼梯　15.关闭　打开　16.700～800℃　17.时间18.人行横道　19.切断电源　20.绿灯　黄灯　红灯

二、判断题

1.×　2.×　3.√　4.√　5.√　6.√　7.√　8.×

三、选择题

1.C　2.C　3.C　4.C　5.B　6.A　7.A　8.C　9.C　10.A　11.B　12.AB13.A　14.AB　15.B　16.A　17.A

四、简答题

1.略。

2.答:拥挤踩踏(主要集中在楼梯通道台阶厕所校门),运动伤害(跑跳投,运动器械设施损坏),打斗伤害,食物中毒,煤气中毒,火灾事故,危险建筑,校内交通事故。

3.汽车、电车和机动车,是人们最常用的交通工具,为保证乘坐安全,应注意以下几点:

(1)乘坐公共汽(电)车,要排队候车,不要拥挤,先下后上,不要争抢。

(2)不要把汽油、爆竹等易燃易爆的危险品带入车内。

(3)乘车时不要把头、手、胳膊伸出车窗外,也不要向车窗外乱扔杂物。

(4)乘车时要坐稳扶好,没有座位时,要双脚自然分开,侧向站立,握紧扶手,以免车辆紧急刹车时摔倒受伤。

(5)乘坐小轿车、微型客车时,在前排乘坐时应系好安全带。

(6)尽量避免乘坐卡车、拖拉机;必须乘坐时,千万不要站立在后车厢里或坐在车厢板上。

下 篇

规章制度

一、学生学籍管理规定

第一章 总 则

第一条 为了全面贯彻国家的教育方针,深化中等职业教育改革,不断提高教育、教学质量,进一步加强中等职业学校学籍管理,促进学生德、智、体、美等全方面发展,根据教育部《关于制订中等职业学校学生学籍管理规定的原则意见》,结合我校实际情况,制订本规定。

第二条 本规定适用于我校(包括普通中专、成人中专、职业高中(职业中专)),实行学年制和学分制管理学生。

第二章 入学与注册

第三条 学校应按重庆市教委有关规定录取新生,发给重庆市教委认定并组织印制的新生录取通知书。

第四条 凡被录取的新生,须持录取通知书和有关身份证明,按规定日期到学校办理入学手续。因故不能如期报到注册者,学生及其监护人可向学校申请延期报到,学校可保留其学籍。对开学两周内不到校报到,也不办理延期报到手续者,作为自动放弃学籍处理。新生入学第二学年开学两周内应将本人身份证复印件交学校,学校要妥善存档,以便办理毕业证书。

第五条　新生入学后,学校应在规定的时间内,到重庆市教委注册。其中"3+2"高职新生录取名册还应同时报相关的高职学院备案。

第六条　在新生健康复查中,如发现患严重疾病,不能坚持学习,由指定医疗单位诊断,在短期内可以治愈者,经学校批准,可以回家疗养,保留入学资格一年。疗养期间,不享受在校生待遇。复学前,经县级以上医院复查确已病愈者,应重新办理入学手续。复查不合格者和逾期不办理入学手续者,取消入学资格。

第七条　学校应建立学生学籍档案。学籍档案由学校配备责任心强、工作态度端正的专人管理,学籍管理人员应保持相对稳定;学籍管理人员调离或退休,应办理学籍档案交接手续,保证学籍档案管理工作的完整性和连续性。

第三章　成绩考核

第八条　学校每学期要对学生德、智、体、美等方面进行考核。考核包括学业和操行两个方面。在学业方面,按照教学计划、大纲规定,考核学生理论知识和职业技能水平;在操行方面,对学生的思想品德、遵纪守法、学习态度等方面进行考查评定。允许校际之间、不同专业之间、学历教育与职业资格培训、各种培训之间,根据相应的规则对学生的学习成绩和学分进行互认。考核成绩和评定结果记入学生档案。

第九条　实行学分制的学校应按《重庆市中等职业学校试行学分制暂行规定》来制订实施学分制方案,确定具体的学分标准、学分取得方式、学分互认和折算办法,并报市教委备案。

第十条　学业成绩考核分为考试和考查两种。学校应按教学计划的规定和课程特点确定每学期或每学年考试和考查的课程门数和具体考核方式。成绩评定采用百分制、五等级制(优秀、良好、中等、及格、不及格)

和学分制评定办法。学校要对学生获取考试的资格及考试纪律等提出具体的要求。学生学业考核成绩一般按学期记载。

第十一条　实习是中等职业学校实践教学的主要形式之一，学校应按实习计划规定组织学生参加生产实习活动，要建立完善对实习学生的评价考核机制，将实习考核成绩作为学生毕业的必备条件。

第十二条　公共体育课为必修课，不合格者应重修或补考。对不同体质的学生应有不同的要求，因患有某些疾病或生理缺陷，上体育课确有困难者，经县级以上医疗单位证明和学校教务部门批准，可减少考查项目或免考。

第十三条　学校应组织学生参加与所学专业相关的技能等级考试和国家职业技能鉴定。

第十四条　鼓励学生通过自学或其他学习途径（经历）在课余或校外学习有关课程，其课程内容等于或高于教学大纲规定的相同或相近课程的教学要求，凭有效证明，经本人申请，学校教务部门审核认定，可以免修或免试相应课程，并取得有关课程成绩或学分。学生申请免修或免试的课程，须在开课前提出。

第十五条　学生因故不能参加考核，需事先提出申请，经学校教务部门批准后缓考。无故不参加考核或考核作弊者，该课程成绩以零分计，并给予批评教育；情节严重的，要给予纪律处分；对确有悔改表现者，经本人申请、学校批准，准予补考一次，但在补考成绩后应注明"补考"字样。

第十六条　课程（包括实践课程）考核不及格的，应在下学期开学前或开学初参加补考，其成绩要注明"补考"字样。对补考仍不及格的，学校应提供再次补考的机会。实行学分制的学校，学生可以重修不及格的课程。

第四章　升级与留级

第十七条　学生每学年经考核评定符合升级条件的,准予升级。

第十八条　学生每学年经考核,仍有应修总课程门数的二分之一及以上不及格或操行评定不合格的,应予留级。留级学生所学专业如无后续班级,学校应在征得学生同意的前提下,安排到其他适当专业就读。留级的次数不超过两次。实行学分制的学校,不及格的课程原则上应重修重考,不实行留级制度。

第十九条　课程(含实践教学)考核(含补考)不及格,且未达到留级规定的,允许学生在下一学期随班试读。不及格课程原则上应重修或自修。

第二十条　成绩特别优秀,经本人申请,学校批准同意后,可以跳级,并报市教委备案。

第五章　转学与转专业

第二十一条　学生转学或转专业,应在学期结束后或新学期开学二周内进行。毕业年级学生原则上不得转学、转专业。

第二十二条　转学需由学生或监护人向学校提出申请,理由正当,经转入、转出学校同意,并由转入学校将有关材料报市教委备案。

第二十三条　中等职业学校可以接受普通高中或其他同层次及以上学校转入的学生。

第二十四条　转专业需由学生或监护人向学校提出申请,由学校审核同意后,根据转入专业教学计划要求转入相应年级学习。

第六章　休学、复学与退学

第二十五条　允许有实际需要的学生工学交替。根据学习情况，经学校批准，可适当延长学习期限或分阶段完成学业，延长期限最多不超过三年。

第二十六条　学生因病（经县级以上医疗单位证明）或其他原因不能继续学习者，或请假累计超过本学期教学时间的三分之一者，经学校批准，可准予休学。

第二十七条　学生入学一年或完成总学分的三分之一，要求参加社会创业、就业实践活动等，由学生本人和监护人共同提出申请，经学校批准可予休学。

第二十八条　学生休学一般以一学年为期，两次为限，累计不得超过两年。

第二十九条　学生休学期满，应于学年或学期开学前一个月向学校申请复学。经学校审查同意后，原则上随原专业的相应年级学习，也可根据实际情况转入其他专业的相应年级学习。因病休学的学生，申请复学时须持县级以上医疗单位的健康证明，并经学校审查合格，方可复学。

第三十条　学生有下列情形之一者，经学校批准，可令其退学或准其退学，并通知其家长或其他监护人，并报重庆市教委备案：

1.经县级以上医疗单位确诊，患有严重疾病及意外伤残不能坚持或不宜在校学习者。

2.自愿要求退学者。

3.休学期满，在开学两周内不办理复学手续者。

4.对学习确有困难、一学年内有三分之二的课程考核不合格者或在校学习期间补考后考核成绩累计三分之一以上（含三分之一门）不及格者。

5.实行学分制的学校,学生学习期间,规定时间内取得的学分低于规定总学分的三分之二(含三分之二)者。

第七章　纪律与考勤

第三十一条　学校应制订学生在校期间应遵守的规章制度和基本行为规范。学生应严格遵守国家的法律法规和学校的各种规章制度,尊敬师长,勤奋好学,团结同学,讲究卫生,关心集体,爱护公物,讲究文明礼貌,遵守社会公德。

第三十二条　学生不得抽烟酗酒、赌博、打架斗殴,凡有违反者,学校应根据有关法律法规和规章制度,视其情节轻重,给予批评教育和相应处分。

第三十三条　学校应建立严格的考勤制度,学生参加上课、实验、实习等教学活动和学校组织的集体活动等,均应进行考勤。因故不能参加者,必须请假。凡未请假或超假者,均以旷课论处,并根据其旷课的时数、情节和认错态度进行批评教育和处分。

第八章　奖励与处分

第三十四条　对德、智、体、美全面发展表现突出及有某方面突出成绩的学生,学校可分别授予"三好学生"、"优秀学生干部"称号或单项荣誉称号,记入学生档案。实行学分制的学校,对参加各级以上各种知识、技能和体育、文艺等竞赛获得表彰或奖励的学生,应按学分制管理办法给予一定的学分。

第三十五条　对犯错误的学生,学校要加强教育,并给学生有改正错误的机会。对极少数犯有严重错误或多次犯错误而又屡教不改的学生,可视情节轻重,学校应给予批评教育和纪律处分。处分分为警告、严重警告、记过、留校察看、开除学籍五种。处分决定公布前,学校应事先告知学生家长或监护人。对学生的处分,学校应按程序并由集体讨论决定,处分在校内公布。

第三十六条　对开除学籍以外的受处分的学生,经过教育,确有明显进步的,经本人申请,学校同意,可以撤销其处分。

第三十七条　对有下列情况之一的学生,可给予开除学籍处分:

1. 触犯国家法律,构成刑事犯罪者。

2. 受留校察看处分,一年内经教育仍不改悔者。

对学生作出开除学籍处分,应由学校领导集体讨论决定,报学校主管部门批准,并报重庆市教委备案。处分应告知学生本人及其家长或监护人。对触犯刑法的,由司法机关依法处理。

第三十八条　学生对学校作出的处分决定不服,可向学校提出申诉,学校应及时对学生的申诉作出复议决定。

第三十九条　学生的奖励和处分决定应存入学校文书档案和学生档案。处分撤销后,应及时将有关材料从该学生档案中取出。

第九章　毕业与结业

第四十条　学生毕业时应作德、智、体、美等方面鉴定。

第四十一条　具有学籍的学生,思想品德合格,学完全部规定课程,考核成绩(含实习)全部及格或修满规定学分,并取得本专业职业技能证书,准予毕业,由学校发给由市教委审核验印的中等职业学校毕业证书。

第四十二条　实施学分制学校学生,学生可提前或推迟毕业,提前毕业一般不超过一年,推迟毕业一般不超过三年。学生提前修满本专业学分,可以提前毕业,也可继续选修其他专业的课程,达到要求的可取得辅修专业毕业证书。

第四十三条　对于在规定的学习年限内,考核成绩(含实习)仍有不及格且未达到留级规定,或操行总评不合格者,以及实行学分制的学校未修满基本学分的学生,由学校发给结业证书。学生在结业半年后三年内,由本人申请,经补考,成绩(或学分)达到毕业要求,可换发毕业证书,其毕业时间自换发毕业证书时算起。

第四十四条　对具备学籍、未完成教学计划规定的课程而中途退学的学生,学校应发给学生写实性学习证明。

第四十五条　毕业证书遗失原则上不能补发,可由学校出据毕业证明书。

第十章　附　则

第四十六条　本规定从发布之日起试行。学校可根据本规定制订实施细则,并报学校主管部门和市教育行政部门备案。

第四十七条　本规定自发布之日起施行,过去市教育行政部门颁发的有关学籍规定或补充规定,如与本办法不符的,一律以本办法为准。

第四十八条　"3+2"高职学生前三年的学籍管理可参照本规定执行。

第四十九条　本规定由涪陵职教中心教务实习处负责解释。

二、学生在教室的行为规范

1. 衣冠整齐,服饰规范,桌面抽屉整洁,不要将玩具、电子视听产品、食品、动物带入教室;不要在教室内外乱扔垃圾,不随地吐痰,随时保持教室内外清洁。

2. 上课时请说普通话;听从任课教师的教育管理;下课时文明礼貌,不要在教室内外奔跑,不要高声喧哗。

3. 爱护公物,在开关门窗动作要轻,搬动桌椅时请抬起移动,切勿拖动;注意观察教室里的设施设备,注意自己和他人的人身安全;维护教室设备安全,发现安全隐患,及时撤离危险场地,并立即向老师报告。

4. 上课时不要关闭教室门;学生提前3分钟做好上课准备;准备好书籍、笔记本、作业本和文具。准备时,学生可整齐地唱歌或在座位上休息。

5. 上、下课学生必须起立向老师问好和再见;下课后请老师先行;起立坐下动作迅速,不碰响桌椅;下课后学生要主动擦黑板。

6. 上课专心听讲,虚心接受老师教育,严禁顶撞老师,更不允许起哄、谩骂、殴打老师。

7. 严禁在课堂上看课外书籍、玩手机及其他电子产品,上课时手机必须处于关机状态;严禁在课堂上做与课堂教学无关的行为。

8. 上课应勤于思考,认真做好笔记,积极参与讨论,勇于发表见解,积极回答老师提问。课堂发言先举手,学生回答老师提问时要起立,态度要端正,语言要规范,声音要响亮。

9. 学生要做好课前预习、课后复习;按时、独立、认真完成作业;读书、写字姿势端正;每一节课结束以后,指定专人客观、公正记载课堂学习情况。

10. 严格课堂考勤,学生上课迟到时,要喊"报告",经任课老师同意后方可进入教室;严禁学生在上课期间擅自离开教室,若遇特殊情况要离开的,必须征得任课老师同意,但应限制时间和人数。

11. 学生应自觉爱护多媒体教室设备,遵守安全操作程序。多媒体设备钥匙必须由班干部专人管理,其他学生不得擅自开启多媒体设备。电视、电脑不得用于教学以外的任何活动;保持和维护多媒体设施的清洁。

12. 不准改动电脑设备的连接线,不准移动或拆卸任何设备,不准把设备拿出教室外使用,不准擅自在电脑内安装或删除软件。

13. 学生离开教室时,要将桌椅及桌上的书籍、文具摆放整齐;关闭多媒体设备和电视机,关闭电灯、电扇、开水器电源;做好教室内外清洁,关好门窗,有序离开教室。

三、教学楼管理"九不准"

1. 不准衣冠不整者进入大楼。

2. 不准带脏物、泥土进入大楼。

3. 不准携带体育器材(特别是三大球)进入大楼打闹。

4. 不准拥挤追打、高声喧哗、制造噪音。

5. 不准随地吐痰、乱丢纸屑果皮、塑料袋、饭盒等。

6. 不准任何部门、个人乱贴乱画、乱涂乱刻。

7. 不准吸烟、赌博。

8. 不准损坏公物、公开设施。

9. 不准在厕所乱扔乱甩堵塞下水道。

四、学生课堂规则

1. 遵守上课时间,不迟到、不早退、不旷课。

2. 教室内应保持严肃、安静的良好秩序。衣着要整洁,教室内不准穿背心、拖鞋,更不应袒胸露怀。

3. 课前应带齐所需书籍、笔记本和文具,做好上课准备工作。

4. 上课铃响后,应立即在自己座位上坐好,教师进入教室时,班长口令"起立",全体起立向教师问好,教师回礼后坐下,保持坐姿端正。

5. 学生迟到,应先在课堂门口喊"报告",经教师允许后可进入教室。

6. 讲课过程中,未经教师许可,不得自行离开座位和教室,不得擅自调换座位。

7. 学生发问或回答提问时应先举手,经教师允许后再起立发言,回答完毕经教师允许后坐下。

8. 听课时注意力要集中,认真做好笔记。不得闲谈,不得阅读与本课无关的书籍,不做其他作业和与本课无关的事情。

9. 下课铃响后,教师宣布下课,班长口令"起立",全体起立向教师行礼,待教师回礼后才能离座。

10. 自习课必须认真复习功课和做作业,保持教室安静。不得迟到、早退。自习课由辅导教师负责考勤。

11. 保持教室的整齐清洁,不得乱丢、乱吐、乱画。值日生上课前要擦净黑板和讲台;一天课程结束后,打扫教室卫生,关好门窗和电灯。

12. 全体学生都要爱护课堂内一切公物,如有损坏,应追究责任,酌情赔偿。

五、体育课行为规范

1. 上体育课时要穿适合运动的服装和鞋子,不能穿紧身衣裤及皮鞋、高跟鞋等硬底鞋子;运动时衣袋中不要装硬物;学生手机应处于关机状态,不得接、打电话。

2. 提前 2 分钟到指定的场地整队集合,做好课前准备;身体不适要先向体育教师请假。

3. 课堂中,听从老师指挥,服从安排;锻炼前,按教师要求做好准备活动,预防运动损伤;上课时不得随意追逐、打闹、高声喧哗。

4. 上课时,注意安全与卫生,运动时身体出现异常状况,特别是发现有心脏功能不适,应及时向教师报告。

5. 上课时要精神饱满、秩序井然,呼号响亮,认真锻炼,努力提高身体素质,达到《国家体育锻炼标准》、《国家学生体质健康标准》及行业对中职生身体素质的要求。

6. 开始及课间的集合要做到"快、齐、静",一般在教师发出集合命令后 10 秒钟内应站好队形;听教师讲解时要全神贯注,形成良好的课堂风气。

7. 按教师要求进行体育运动,认真观察教师示范;在分组运动时,团结协作,相互配合;教师或学生示范时,站好队列,认真观察。

8. 休息时,应在老师指定地点,不得远离运动场地,不得进入绿化场地,不得进入教学大楼,不得提前下课。

9. 爱护体育器材,在体育委员的组织下每次课前借好器材,协助教师布置场地;课中注意保管好器材;下课前清点和归还器材。

六、实作室行为规范

1. 实作前必须按老师要求,做好实作准备,带上教材、笔记本、笔和实作内容;提前3分钟排队进入实作室,教师不在实作场所时,学生不得进入;不得在实作室乱扔垃圾、乱吐口痰、乱写乱画,自觉维护实作室清洁。

2. 进入实作室,必须按要求穿指定的工作服或帽子。不准携带食品、饮料、课外书籍进入实作室。

3. 学生进入实作室后,应对号入座,不得随意下位走动,不能随意离开实作室;如确有原因需更换机器,必须经老师同意后进行;保持实作室安静,不得大声喧哗;手机应处于关机状态;实作时不得关闭实作室门。

4. 学生入座后,先检查设备,发现设备问题要及时报告教师。在实作过程中,注意观察设施设备的运转情况,严格遵守实作安全规则,确保人生安全和设备安全;发现安全隐患,及时撤离危险场地,并立即向实作老师报告。

5. 学生应按教师要求进行实作,认真观察教师示范;分组实作时,团结协作,相互配合;未实作者,按要求,站好队列,认真观察同学实作,依秩序交换实作。

6. 爱护实作室设备,不能私自移动、更换、拔插、损坏。在计算机实作时,不得更改、删除系统资源;不得做玩游戏、上网聊天等与本次课无关的行为。

7. 实作结束时,应正确关闭实作设备、空调、风扇电源,按要求关闭总电源,检查机器,复位设备;桌凳摆放整齐,清理实作室清洁;作好实作情况记载;关好门窗,有序离开实作室。

七、实训教学现场 7S 管理内容

1. 整理:区分物品的用途,清除不用的东西。
2. 整顿:必需品分区放置,明确标识,方便取用。
3. 清扫:清除垃圾和脏污,并防止污染的发生。
4. 清洁:维持前"3S"的成果,制度化,规范化。
5. 素养:养成良好习惯,提高整体素质。
6. 安全:确保安全,关爱生命,以人为本。
7. 节约:节能减排,提高效能。

八、实习学生定人定机(工位)制度

为了加强安全文明生产实习管理,确保实习设备安全和正常使用,落实实习设备的维护、保养责任,特作如下规定:

1. 实习学生上岗前,必须经过统一组织的安全实习纪律教育,考核合格,在指定的工位上实习。

2. 实习生上岗时,根据指导老师制订"定人定机(工位)"方案,到指定的工位上上岗实习。

3. 实习学生上岗后对自己专用实习设备负有正确使用,定期维护保养、保管和做好所在工位清洁卫生工作的职责。

4. 实习学生按指定的工位实习,不得随意串岗、离岗;不得擅自操作他人的实习设备,也不得擅自让他人操作自己专用的实习设备。

5.学校对各实习班级执行"定人定机（工位）"的情况,实行定期检查,记录备案。作为期末评定的重要依据之一。

6.对于违犯以上规定的学生,除加强思想教育外,根据情节轻重给予相应的纪律和罚款处分。由此造成严重后果者,将加倍处罚。

九、加强技能训练和鉴定工作的规定

根据学校的发展思路和人力资源和社会保障部关于招用技术工种从业人员的相关规定,凡省级以上重点职中、技工学校的毕业生都必须掌握一门以上的操作技能,参加统一的职业技能鉴定考试,取得相应的职业资格证书后才能就业上岗。就业靠竞争,上岗凭技能。加强学生的技能训练和鉴定工作,既是学生就业的需要,也是宣传学校、发展学校的需要。

1.学生的技能训练和鉴定工作由教务实习处根据各专业的教学计划统一安排。学校根据各专业的特点及鉴定标准,制订出各专业技能训练要点及技能达标要求。

2.教务实习处加强对学生技能训练的检查落实,加强对实习指导教师的管理。学期结束时组织对学生进行技能考核并将成绩记入学生档案。

3.实习指导教师应遵守学校的工作纪律,认真履行岗位职责,按照技能训练要点,有针对性地开展实训教学,充分利用每一次训练课,自始自终做好巡回指导工作。

4.学期结束,指导教师应对学生技能的掌握情况进行考核,并按时将学生实习成绩单交教务实习处存档。教务实习处根据教学进度计划,统一参加上级鉴定部门组织的职业技能鉴定考试,成绩合格颁发相应的职业资格证书。

5.指导教师要统一思想,提高认识,充分认识到技能训练对学生的重要性。要加强对学生的思想教育和实习课堂管理。

6.实行学生的毕业证书与等级证书的双证制度。凡是本专业未能取得初级职业资格证书的学生,学校将不推荐就业,毕业证书将缓半年发放。

十、学生校外见习管理办法

学生校外见习是学生在校学习期间,安排一定的时间到企业进行本专业技能的训练,目的是让学生熟悉本专业的技术规范和新技术,加深对在校学习的专业理论知识的理解和掌握,进一步提高操作技能,适应企业的管理,为学生参加职业技能鉴定和今后的就业作好准备。为达到此目的,特制订本办法。

1.参加校外见习的班级,由专业课教师写出见习方案交教务实习处,经审查合格后方能实施。

2.见习学生必须严格遵守见习单位的管理制度,服从安排,听从指挥,按时上下班,不迟到,不早退。住校学生晚上必须回学校上晚自习,学校将严格考勤。

3.见习学生一定要强化安全意识,牢记安全第一的指导思想。班主任必须每天掌握学生情况。见习学生要自尊、自重、自信、自觉。

4.见习期间,学生一定要虚心好学,不耻下问,积极钻研,努力掌握本专业的有关知识和技能,认真做好笔记。

5.学生见习期间,学校派专人到见习单位跟踪管理。由专业教师和班主任共同负责。

6.学生见习结束,按要求仔细填写学生校外见习鉴定表,交教务实习处存入学生档案。

7.对在见习期间违反规定或见习不合格的学生,学校将根据规定给予严肃处理。

十一、晚自习行为规范

1.晚自习时不得将玩具、电子视听产品、食品、动物带入教室;晚自习时不随意在教室走动、高声喧哗,随时保持教室内安静和整洁。

2.严禁晚自习时玩手机及其他电子产品,手机必须处于关机状态;不得在教室对手机和其他电子产品进行充电;严禁吃零食、睡觉等一切与学习无关的行为。

3.晚自习时,应按照老师要求对当天课程进行复习,对第二天的课程进行预习;认真完成当天的课外作业;认真写日记、周记和学习小结;认真阅读老师指定的课外书籍。

4.严格晚自习考勤,晚自习期间不中途擅自离开教室,若有特殊情况要离开的,必须征得任课老师同意,但应限制时间和人数,一次一人;严禁在教室和过道打电话。

5.不要关闭教室门,不得擅自开启多媒体设备;不得利用教室内电脑设备进行教学以外的其他活动。

6.晚自习结束时,应将桌椅及桌上的书籍、文具摆放整齐;指定专人在全体同学离开教室后,关闭教室里的开水器、电扇、电灯电源,关好门窗。

7.晚自习结束后,离开教室时应按学校规定线路有序下楼;不得在大楼内过道、楼梯及大楼外逗留、拥护和奔跑,注意安全。

十二、学生考试规定

1.学生参加考试时必须携带学生证或身份证,应提前15分钟进入考场,对号入座,将有效证件(学生证、身份证)放在桌面备查;迟到超过20分钟者不准入场,按旷考处理。

2.凡闭卷考试,除必需的文具外,不准将教材、笔记、参考书、复习资料等带进考场;已带入考场的应放在监考人员指定的位置。进入考场后,手机必须关闭或上交,否则,按作弊论处。

3.学生进入考场后,应按座位号就座或按监考老师指定的位置就座,不允许自行调换座位,一经发现,按作弊论处。

4.严禁请他人代考或代替他人考试,违反者双方均给予留校察看处分,并记入学生个人档案。

5.发卷后,如发现试卷有字迹不清、空白或缺页等或对试题质量有疑问,可举手示意,要求监考人员予以解释或处理,但不准就试卷内容向监考人员提出任何问题。

6.考试开始60分钟后,方可交卷。提前交卷的学生,应立即离开考场。考试交卷后,不准以任何理由查看试卷,不准在考场附近逗留、喧哗。

7.在考试过程中,不准旁窥抄袭或传换试卷,不准交头接耳或传递答案,不准为他人作弊提供方便,违反者,均按作弊论处。

8.学生必须按规定时间交卷,逾时交卷者其试卷作废。

9.考试结束,考生应立即停止答卷,将试卷放在桌面,离开考场,由监考人员统一收卷;凡继续答卷、趁机抄袭,拒绝交卷者,私自将考卷带出考场者,按作弊论处。

十三、学生成绩考核评定制度

学生必须参加教学计划规定的课程考核,成绩载入记分册,并归入学籍档案。

1.理论课考核分为考试和考查两种形式。即按教学计划规定必考的学科为考试学科,其他为考查学科。

2.各门课程均需评定学期课程总评成绩。

学期总评成绩:考试课平时成绩占30%(包括作业、课堂提问、单元测验、出勤等),半期考试成绩占30%,期末考试成绩占40%;考查课平时成绩占50%,期末测验占50%。

课程总评成绩:课程结束学期总评成绩占60%;其余学期平均总评成绩占40%。

3.体育课成绩的评定:由课内教学和参加课外锻炼活动两部分组成,即课堂成绩占70%,参加课外锻炼活动(含早操、课间操)占30%。

4.凡是既有操作考试又有笔试的科目,其成绩操作和笔试各占50%。

5.实习成绩的评定方法,安全文明占10%,劳动纪律占10%,平时成绩占20%,期末考试占60%。

6.学生每学期不及格的课程均可补考一次,按学校规定的时间进行补考。补考成绩在60分以上记60分,并注明"补考"字样。

7.学生擅自缺考,不准补考,缺考学科记零分,考试作弊的学生视情节轻重分别给予批评教育、扣分和记零分处理,扣分和记零分处理应经分管教学的校领导批准。

8.学生因故不能参加考试,必须事先向学校请假,经批准后缓考,缓考不及格者可补考一次。

十四、中职生守则

1. 热爱祖国,热爱人民,热爱中国共产党。

2. 遵守法律法规,增强法律意识,遵守校规校纪,遵守社会公德。

3. 热爱科学,努力学习,勤思好问,乐于探究,积极参加社会实践和有益的活动。

4. 珍爱生命,注意安全,锻炼身体,讲究卫生。

5. 自尊自爱,自信自强,生活习惯文明健康。

6. 积极参加劳动,勤俭朴素,自己能做的事自己做。

7. 孝敬父母,尊敬师长,礼貌待人。

8. 热爱集体,团结同学,互相帮助,关心他人。

9. 诚实守信,言行一致,知错就改,有责任心。

10. 热爱大自然,爱护生活环境。

十五、学生一日行为规范

进校:穿戴整洁重仪表、备齐用品准时到,见到老师问声好、相互致意有礼貌。

早读:勤奋好学争分秒、贵在自觉效率高,早读良辰须珍惜、书声朗朗气氛好。

升旗:升旗仪式要庄重、热爱祖国是首要,齐唱国歌寄深情、肃立致敬多自豪。

两操:出操列队快齐静、动作规范做好操,体操眼保两不误、持之以恒身体好。

上课:铃声一响教室静、专心听讲勤动脑,举手发言常提问、尊敬师长听教导。

课间:课间休息不吵闹、文明和谐重环保,勤俭节约爱公物、遵章守纪莫浮躁。

学习:各门功课皆学好、专业技能特重要,预习复习考风正、品学兼优是目标。

作业:审清题意独立做、格式规范细思考,避免潦草字端正、保证质量按时交。

活动:科技文体重参与、班团活动受熏陶,团队精神大发扬、博学多才素质高。

生活:爱惜粮食莫浪费、节约水电习惯好,废弃杂物不乱抛、讲究卫生品格高。

离校:教室公区勤打扫、关好门窗再离校,团结友爱莫滋事、法律法规要记牢。

就寝:按时就寝不串房、迅速入睡不喧闹,严禁烟火保安全、平安校园共建好。

十六、德育管理分阶段考核目标

根据《国务院关于大力推进职业教育改革与发展的决定》的精神,结合《中等职业德育大纲》,为推进我校德育工作的全面实施,努力培养符合现代企业发展的熟练技术人才,提升学生综合素质能力,改进德育考核

模式。经学校研究决定:在我校实施德育分阶段目标考核,具体目标如下:

1. 一年级德育目标、培养任务、培养目的和培养途径

德育目标:守时守纪,诚实礼貌、自尊自爱、自理自律、有进取心、有责任感、关爱集体、了解专业,热爱劳动,孝亲敬长。

培养任务:加强学生思想道德建设和学生日常行为规范,注重养成教育,让一年级学生能尽快适应学校管理环境。

培养目的:培养学生较强的综合能力,迈好中职第一步,成为学校的好学生。

培养途径:充分了解学生特质,选拔优秀学生组建班、团委,制订班规;规范着装,着力培养学生学习习惯、卫生习惯、礼貌习惯,以严格有序的管理使学生适应学校的生活;组织学生积极参与学校举办的各项活动,发现人才,着力引导培养。

2. 二年级德育目标、培养任务、培养目的和培养途径

德育目标:文明守纪,服从管理,爱护公物,团队精神,博学精技,理智坦诚、明辨是非、责任心强、有良好的法制观念、身心健康、乐于助人、自信自强、多才多艺服务他人。

培养任务:加强学生法制文明建设和培养积极上进的精神,注重自我管理和心理健康教育,在学校全面发展自我能力,为适应企业的发展奠定基础。

培养目的:培养学生综合能力的提升,迈好理想的第一步,成为企业的好员工。

培养途径:强化技能训练,组织和鼓励学生参与社会实践,发掘学生潜能,给予职业指导,让学生明确奋斗方向;在班级中树立各方面学习榜样,提高竞争意识和团队合作精神,提高学生精神面貌,培养职业道德和家庭责任心。

3. 三年级德育目标、培养任务、培养目的和培养途径

德育目标：遵纪守法，善待他人，关心国家大事，明辨事理、勤奋刻苦学习、有研究探索精神、理论联系实际、勇于实践、勇于创新，有良好的职业纪律、职业道德观念。

培养任务：加强学生社会道德观，价值观，人生观的教育，全面提高学生思想素养，正确处理人际关系，为适应社会提前准备。

培养目的：培养学生的社会实践综合能力，具有良好的心理素质，迈好跨入社会的第一步，成为社会的好公民。

培养途径：广泛与社会接轨，加强与各部门、各界联系，发挥毕业生代表、家长代表的示范作用和影响力，充分利用班级及学校的社会资源，培养学生创业意识、就业观念和吃苦耐劳精神，做好就业前的准备。

十七、住校生封闭式管理实施细则

为了将我校学生管理推上一个新的台阶，结合我校实际，经学校研究，决定对住校生实行封闭式管理，现就封闭式管理作以下要求：

1. 住校生从星期天晚自习到星期五下午学习期间严禁出校门。

2. 学生有急事需出校门，必须写出申请经班主任审批，然后到学生处开具出门条。

3. 每班每天出门的学生不得超过本班住校生人数的10%。如有特殊情况，需报学生处审批。

4. 学生持出门条出门，进出校门须刷学生卡并交出门条给门卫，若未按时返校者，门卫作好登记交学生处处理。

5. 学生私自出校门，一次扣操行分10分。

6. 学生不服从管理强行出校门，学校将给予记过以上处分。

7. 外来人员探视学生只限于中午和课外活动时间，探视人员在晚自习前必须离开学校。

8.学生出校门,出门条由专人管理,门卫只准凭出门条放学生进出校门,其他手续一律无效。

十八、学生操行成绩评定细则

为了全面推进素质教育,加强学生管理,培养学生良好的思想品质和行为习惯,对学生操行实行量化考核,特制订本细则。

1.评定办法

(1)学生操行成绩采用记分法评定,每人每期操行基本分60分,在此基础上加分或扣分。

(2)各班必须严格按照评分细则进行评定,凡未列入评分细则的操行分加、扣事宜由学生处决定,每月月底班主任向学生公布一次操行成绩。

(3)本期操行成绩不足60分者,视为操行不及格,连续2次操行不及格者,不予毕业。

(4)操行成绩的评定由班主任负责,每期期末将学生操行成绩交学生处备案,班主任将学生每期操行成绩之和除以期数,作为学生操行最终成绩记入学生档案。

2.评分细则

(1)有以下情况者予以扣分

①早退迟到一次,扣2分,旷课一节,扣4分。

②上课不遵守纪律,一次扣5分。

③晚自习擅自出教室,做与学习无关的事情,一次扣2分;大声喧哗、讲话、打闹、打牌、下棋,一次扣5分;擅自进入其他教室,一次扣5分;故

意滋事、不服从值勤学生管理,一次扣10分。

④考试作弊,一次扣10分。

⑤晚上熄灯后归宿,一次扣5分;不归,一次扣10分。

⑥寝室点蜡烛,一次扣5分;熄灯后讲话,一次扣2分;在宿舍里向外倒水,一次扣5分,扔杂物,一次扣20分。

⑦乱涂、乱画,一次扣10分。

⑧在寝室、教室抽烟、酗酒一次扣10分

⑨不佩戴学生卡,一次扣5分,未穿校服一次扣5分。

⑩住校生私自出校门,一次扣5分;强行出校门,一次扣10分。

⑪辱骂他人,一次扣10分;说脏话,一次扣3分。

⑫上课玩手机,一次扣10分。

⑬损坏学校公物、树木在校内摘花、钓鱼,一次扣10分。

⑭染发、涂脂抹粉、佩戴首饰,一次扣10分;纹身,一次扣20分。

⑮在公共场所穿拖鞋、背心,坦胸露背,一次扣15分。

⑯在校与异性不正当交往,一次扣20分。

⑰乱扔果皮纸屑、随地吐痰、损坏墙壁,一次扣5分。

⑱私接电源、烧电炉等,一次扣10分。

⑲私自留他人在寝室住宿,一次扣20分。

⑳凡参与打架斗殴、偷盗、赌博、敲诈勒索、酗酒闹事、私自翻越学校围墙、谈恋爱、私自下河洗澡、聚众闹事等严重违犯学校纪律,均受学校行政处分。受警告处分,一次扣30分;受记过处分,一次扣40分;受留校察看处分,一次扣50分。

(2)凡表现良好,有以下情况者加分

①一月内无迟到、早退、旷课加5分。

②拾金不昧,一次加5～30分。

③见义勇为与坏人作斗争,一次加10～40分。

④检举违纪学生,一次加10分。

⑤为保卫科处理事件提供信息,一次加20分。

⑥全校性运动会、文艺演出、知识竞赛等获得名次,参加者均可获得加分,按第一、第二、第三……名,各加10、9、8……分。

⑦在区级、市、国家级等各项比赛中获得单项名次者酌情加10、30、50分;未获得名次加2、5、8分。

十九、家庭经济困难学生
认定工作暂行办法

为了贯彻落实国务院《关于建立健全普通本科高校高等职业学校和中等职业学校家庭经济困难学生资助政策体系的实施意见》精神,认真做好我校家庭经济困难学生认定工作,切实保证国家各项资助政策和措施真正落到实处,特制订本办法。

1.家庭经济困难学生认定的原则

坚持"以人为本"的工作理念,坚持实事求是和"公平、公正、公开"的原则,合理确定标准。学生本人自愿申请,班级民主评议、公示和学校评定相结合,确保学校对家庭经济困难学生资助的针对性和有效性。

2.家庭经济困难学生认定的范围

我校计划内全日制在校学生中,学生本人及其家庭所能筹集到的资金,难以支付其在校学习期间的学习和生活基本费用的学生。

3.家庭经济困难学生的认定机构和职责

(1)学生资助工作领导小组全面领导家庭经济困难学生的认定工作,领导小组下设办公室,与学生处合署办公,具体负责家庭经济困难学生认定工作的组织和实施。

(2)以班为单位,成立以班主任任组长,学生干部、学生代表担任成员的家庭经济困难学生认定评议小组,负责认定民主评议工作。认定评议小组成员在具有广泛代表性的学生中产生,一般不少于本班总人数的30%。认定评议小组成立后,其成员名单在本班范围内公示。

(3)各班认定评议小组名单经学生处审核加盖公章后报学校资助工作领导小组备案。

4.家庭经济困难学生认定条件

(1)家庭经济困难学生分为家庭经济一般困难学生和家庭经济特别困难学生两个层次。

(2)学生家庭难以支付学生本人在校期间的学习、生活费用,学生在学习期间基本花费低于我校学生日常平均消费水平,且有下列情况之一者,认定为家庭经济一般困难学生。

①父母一方丧失劳动能力或下岗(失业)。

②家庭成员中有两个以上正在接受非义务教育。

③家庭成员因患重大疾病需支付大额医疗费用。

④家庭因突发性变故造成人身及财产重大损失。

⑤家庭遭遇不可抗力或自然灾害。

⑥父母离异导致家庭经济收入明显下降。

⑦基本生活费用低于现行涪陵区城区居民最低生活保障标准。

⑧属于三峡移民子女或建卡贫困户子女。

⑨其他情况导致家庭经济困难。

(3)家庭经济一般困难学生中有下列情况之一者,认定为家庭经济特别困难学生。

①孤儿、烈士子女、优抚家庭子女。

②父母双方丧失劳动能力或下岗(失业)。

③父母重病或单亲且来自贫困及边远地区。

④学生家庭所在地区发生重大自然灾害或突发性灾祸,造成家庭经济特别困难。

⑤城镇、农村低保子女。

⑥其他无经济来源，难以维持正常学习、生活。

（4）学生有下列行为之一者，不作家庭经济困难学生认定。

①拥有或使用高档通讯工具。

②购买或长期租用高配置电脑(特殊专业除外)。

③购买高档娱乐电器、高档时装或高档化妆品等。

④节假日经常外出旅游。

⑤经常出入社会餐厅、歌厅、酒吧、网吧等场所消费。

⑥有其他高档消费行为或奢侈消费行为。

⑦有严重违纪行为(旷课 40 节、受到记过以上处分)。

⑧所在班级 2/3 以上学生认为不符合认定条件。

5.家庭经济困难学生认定程序

（1）家庭经济困难学生认定工作每学年进行一次。学生处、班级认定评议小组按照各自的职责分工，严格遵照认定工作程序，认真完成认定工作。

（2）学校招生办公室在向新生寄送录取通知书时，同时寄送《重庆市涪陵区职业教育中心学生及家庭情况调查表》(附件 1)。

（3）各班每年定期向学生发送一次《重庆市涪陵区职业教育中心家庭经济困难学生认定申请表》(附件 2)，未被认定为家庭经济困难的学生，需要申请认定的，先如实填写《重庆市涪陵区职业教育中心学生及家庭情况调查表》，并持该表到家庭所在地乡、镇或街道民政部门加盖公章，以证明其家庭经济情况；已被认定为家庭经济困难的学生，再次申请认定时，如家庭经济状况无显著变化，只提交《重庆市涪陵区职业教育中心家庭经济困难学生认定申请表》。

（4）每学年结束前一个月，资助工作领导小组组织学生(毕业班除外)完成再次认定工作；新生的认定工作在学生入学后第一个月进行。

（5）各班级认定评议小组根据学生提交的《重庆市涪陵区职业教育

中心家庭经济困难学生认定申请表》和《重庆市涪陵区职业教育中心学生及家庭情况调查表》，按照本办法中的认定标准，结合学生日常消费行为，以及影响家庭经济状况的有关情况，认真进行评议，确定本班的家庭经济困难学生资格和层次，学校资助工作领导小组进行审核。

（6）学校资助工作领导小组认真审核各班级认定评议小组上报的评议结果。如有异议，需调查事实并重新评议，并在征得班级认定评议小组同意后予以更正。

（7）学校资助工作领导小组审核通过后，将家庭经济困难学生名单及层次在学校范围内公示 5 天。广大师生如有异议，可通过有效方式向学校资助工作领导小组提出质疑，认定工作小组 3 天内予以答复。如对学校资助工作领导小组的答复仍有异议，可通过有效方式向涪陵区学生资助管理中心提请复议。如情况属实，则予以调整。

（8）学生处审核通过的《重庆市涪陵区职业教育中心家庭经济困难学生认定申请表》和《重庆市涪陵区职业教育中心学生及家庭情况调查表》，并组织各班代表分组进行复核。复核无异议后，将结果报学校资助工作领导小组审定。

（9）学校资助工作领导小组将学校家庭经济困难学生名单在全校范围内公示 5 天，确无异议后，学校资助工作领导小组建立家庭经济困难学生信息档案。

6.家庭经济困难学生认定工作的监督和管理

（1）学校资助工作领导小组办公室接受对认定工作的投诉，并认真核实情况，及时回复处理意见。学校资助工作领导小组每学年不定期随机抽选一定比例的家庭经济困难学生，通过信件、电话、实地走访等形式进行核实。如发现弄虚作假现象，一经查实，取消资助资格，收回全部资助资金，并在其档案中记入不诚信记录。情节严重的，依据有关规定予以纪律处分。

（2）班级认定工作小组要高度重视学生的困难情况，鼓励确有经济困难但本人没有提出申请的学生主动申请认定;同时鼓励家庭经济状况好转的学生自愿申请退出"涪陵区中职学校家庭经济困难学生资助管理信息系统"。

(3)各班加强学生的诚信教育,教育学生如实提供家庭经济情况,随时告知家庭经济状况的变化情况。如学生家庭经济状况发生显著变化,各班须及时作出调整。

本办法自公布之日起实施,由学校资助工作领导小组办公室负责解释。

二十、国家助学金发放暂行办法

根据财政部、教育部《中等职业学校国家助学金管理暂行办法》的文件精神,为切实加强我校国家助学金的管理,确保我校学生资助工作的顺利实施,结合学校实际情况,特制订本办法。

1. 由学生处审核受资助学生名单,核对学生流失情况,班主任最后审定并签字。学生处根据实际受资助情况,汇总并打印名册,在校内公示5天。

2. 学校财务室根据学生处提供受资助学生花名册,分班为每一位学生办理银行储蓄卡,同时核算受资助学生享受的金额,在受资助学生签字后按月及时发放。

3. 为避免学生银行卡丢失,各班由生活委员统一管理银行卡,学生取钱后应主动将银行卡交至生活委员处。各班班主任认真组织,及时告知家长,确保助学金安全、稳妥发放。

4. 对已流失学生,财务室应及时将其助学金汇总返回重庆市教委。

5. 各班班主任应加强对本班资助工作的重视,确保不漏一人,不多一人;确保资金发放的准确,对在发放助学金过程中存在的问题,及时向学生处或相关部门反映。

二十一、学生考勤制度

在校学生应严格遵守《学生一日行为规范》,遵守学校作息时间,按时到校,按时上、下课,不迟到、早退,因病因事应先请假并履行请假手续。

1. 请假时间及批准权限

(1)学生请假一天以内由班主任批准;3 天以内由班主任签注意见,由学生处负责人批准;3 天以上需本人及家长书面申请,由学生处负责人签注意见,分管学生工作的校领导批准。

(2)学生病假必须持有学校医务室的证明,外出就医,或持在外医院开具的病假条,须学校医务室的认可方能有效。

(3)学生请假批准后,应及时在班上登记并将假条交学生处考勤员,上课时由考勤员和教务处考勤,自习、两操及集会活动由考勤员和值班老师、学生考勤。

2. 考勤及处罚

(1)重大节日前后一律不准请假、延假,特殊情况由学生处审批。

(2)未请假或为准假而不参加学习、实习操作和其他问题活动均属旷课。三次迟到或早退折算一次旷课。迟到、早退 10 分钟算旷一节课。

(3)旷课三节,在小组内做检查,旷课六节写书面检查,并在班上检讨。旷课 40 节以上或连续旷课 20 节,需写出检查、在班上检讨外,并给予警告处分,通知家长共同教育;旷课 80 节或连续旷课 40 节,学校给予记过处分;旷课 120 节或连续旷课 60 节,学校给予留校查看处分,旷课 160 节或连续旷课 80 节,责令退学。

二十二、"升旗仪式"的管理规定

根据《国旗法》的有关规定,经学校研究决定我校每周星期一早上举行升旗仪式,现将升旗仪式的管理作如下规定:

1. 凡我校班主任和学生每周必须参加升旗仪式,升旗仪式每周一早上 8:00 举行。

2. 升旗仪式列队站立。以班为单位,在指定位置按 3 人一排的纵队站立。

3. 各班班主任事先检查班级仪容仪表和纪律,停留时在本班尾站立。各班班主任需站在一横线上。

4. 各班必须在升旗仪式开始前 10 分钟将队伍整理好。

5. 升旗仪式开始后不准讲话,不准进出队伍,必须以立正的姿势两眼向国旗行注目礼。

6. 升旗时如有人迟到,不准走动,只能在原地立正向国旗行注目礼,升旗完毕后方能入列或归队。

7. 国旗班必须统一着装。

8. 国旗班学生升旗完毕后,必须立正护旗,待升旗仪式完毕后才能离开。

二十三、学生宿舍管理制度

宿舍管理是学生管理教育的一个重要组成部分,是培养学生良好行为习惯的不可缺少的重要环节。学生宿舍管理的好坏,直接关系到学生的健康成长。为进一步抓好宿舍管理工作,为学生创造优美舒适的学习环境,特制订如下制度:

第一章　作息制度

第一条　早晨6:30学生按时起床,洗漱完备,迅速整理个人内务,做好寝室清洁卫生,按时吃好早餐,作好上课的准备工作。宿管老师和值日生负责检查本宿舍卫生。

第二条　早上7:40学生离开寝室前,必须关闭寝室电源,关好宿舍门。

第三条　上午7:50前必须离开宿舍,做好课前准备。

第四条　上午8:00—12:00为上课时间,在上课期间,学生除生病或特急事外(生病或特急事回宿舍要持有学生处或班主任、医务室其中一处的证明书交宿舍管理人员登记并得到允许)一律不得进入学生宿舍。违反上述规定者,宿舍管理员严格登记,按违纪处理。

第五条　13:00—14:00为午休时间,午休期间学生要安静休息,禁止打闹、高声喧哗。违反上述要求者按《学生违纪处分条例》处理。

第六条　14:00—14:20起床后,应按宿舍内务管理要求整理好内务卫生;14:30前离开宿舍,做好上课准备。14:40—16:20为上课时间,上课期间宿舍按第四条要求执行。

第七条　19:30—21:00为晚自习时间,在21:00以前不得进入宿舍楼(有违纪情况按第四条执行)。

第八条　22:00前学生要迅速完成个人洗漱,熄灯、就寝。熄灯后保持寝室安静,不准点蜡烛,不准交谈或大声喧哗。违者按《班级量化考核条例》或《学生违纪处分条例》执行。

第二章 卫生制度

第九条 学生寝室卫生随时要做到清洁、做到地面无残渣、纸屑、果皮、烟头、污水等垃圾物;物品摆放要按要求整齐划一,床面上无零乱物,墙面(天花板)无蜘蛛网、乱写乱画、乱贴乱挂、手印、脚印、球印等污染痕迹。学生不得从窗外往下扔东西,不得往下泼水。

第十条 本寝室每日须有两名以上值日生负责打扫卫生,宿舍管理员负责检查、督促并登记。宿舍楼长检查各楼层登记表,并将检查情况公布,同时上报学生处。

第十一条 学生每天早上7:40,中午14:30在离开本寝室以前,对宿舍内务须进行认真整理,做到清洁、整齐。具体要求如下:

室内总体要求:

1.寝室内务应当保持整齐、清洁、有序,无异味。

2.室内垃圾及时处理。

3.玻璃洁净明亮;门框、窗台、桌面(桌面上的缝隙)、窗沿无灰尘。

室内墙壁要求:

1.墙壁上:在未作要求前要无贴纸、海报、专栏、图表等。

2.墙壁上无蜘蛛网。

3.墙壁上不允许乱钉乱挂物品。

4.墙壁上无任何脚印、球印等。

床上物品摆放要求:

1.床铺应当铺垫整齐。被子竖叠三折,横叠四折,开口朝外居中靠墙。枕头统一放在床头,床单洁净平整。

2.其他物品一律不准放在床上。

室内用品摆放要求:

1.衣服、裤子:统一叠放于自己的行李包内。

2.行李包:所有同学行李包统一堆放于行李架上。

3.小物品:书本、墨水、胶水等统一摆放到桌子抽屉内。

4.鞋:全部鞋子置于行李架下的地板上,分类(皮、胶、布、拖)摆放。鞋尖朝内、鞋根朝外,袜子不能塞入鞋子内。

5.洗漱用具:牙具:牙刷、牙膏统一放置杯内,同一方向摆放整齐;毛巾:对折放于脸盆内或统一挂于毛巾架子上;脸盆:统一放置到床铺下摆放整齐;暖瓶:在室内适当位置统一摆放。

6.餐具:餐具统一摆放于行李架或桌子上。

室外要求:

本室楼道两侧保持整洁,不得有果皮、纸屑等杂物,室外垃圾及时处理。

评比标准:

1.室内地面不清洁,有纸屑、果壳或其他杂物、异味。(2分)

2.门柜、窗台、桌面、窗沿等处有灰尘。(1分)

3.墙壁无乱涂乱贴,墙壁上无蜘蛛网。(0.5分)

4.墙壁上无挂钩挂无物品、无脚印、球印等。(0.5分)

5.床上物品摆放整齐。(2分)

6.衣服、其他杂物摆放标准。(1分)

7.桌上物品摆放。(1分)

8.鞋子、行李、餐具、洗漱用具摆放标准。(2分)

第十二条 文明寝室的评比内容包括:寝室内务、寝室安全、寝室纪律三大部分。

第十三条 文明宿舍评比办法

1.文明寝室每周评定一次,每学月评比一次,一学期表彰一次。

2.以100分作为评比满分,每月平均分在95分及其以上者,可向学生处申请评定文明寝室,由学校统一挂"文明寝室"牌。

3. 连续四次被评为"文明寝室"的,学校授予"优秀寝室"称号。

4. 一个学期至少有两次被评为"文明寝室"的在舍学生才具有评定学校"优秀学生"和"优秀学生干部"资格。

5. 每获一个"文明寝室"的班级在"班级量化考核"评比总成绩中加净分1分;一学期中,每获一个"优秀寝室"的班级在"班级量化考核"评比总成绩中加净分2分。

6. 有下列违纪之一者,当月不得评为文明寝室。

(1)就寝有违纪记录2次及以上的。

(2)吸烟、酗酒,在宿舍内打架斗殴的。

(3)在宿舍乱倒垃圾污水,乱倒剩饭菜。

(4)在宿舍内大小便的。

(5)破坏公物、私接电源,使用大功率电器的。

(6)私自改变(动)宿舍内设施设备的。

(7)不尊重宿管教师及执勤人员的。

7. 具体评分标准

(1)寝室内务(35分)

①宿舍整齐、清洁。舍内地面清洁无污水、纸屑;门后无垃圾乱物,门窗无灰尘,舍内无蜘蛛网,墙面清洁无杂印,所属宿舍外走道部分清洁。(15分)

②学习用品、生活用品摆放整齐有序。(10分)

③寝室保洁效果好。(5分)

④宿舍美化、文化好。(5分)

(2)寝室安全(30分)

①无人时宿舍门已锁上,宿舍内无偷盗现象。(5分)

②无管制刀具,无易燃易爆物品,未在寝室乱烧、乱砸,不私接或更换

电源、使用大功率电器(标准功率大于 300 W)。(15 分)

③宿舍内无吵架斗殴现象。(10 分)

(3)寝室纪律(35 分)

①服从宿舍管理员的管理,按时作息,遵守宿舍管理纪律。(15 分)

②宿舍内无酗酒、无赌博、无抽烟现象。(10 分)

③宿舍内无公物损坏。(10 分)

8.寝室评定等级标准分为:优秀、良好、基本合格、不合格四个等次,每月分值在 95 分以上为优秀;80～94 分为良好;60～79 分为基本合格;60 分以下为不合格。

第十四条　奖励和处罚

1.学生寝室每天检查评定一次,每月平均分数达到 95 分以上的寝室,由学校统一挂"文明寝室"的牌子,并给予一定物质奖励;连续四次被评为"文明寝室"的,学校授予"优秀寝室"称号,并在学校通报表扬,给予物质奖励。

2.每月评比总成绩达不到 60 分的寝室,从该班当月"班级量化考核"评比总成绩中扣净分 1 分/个,全校公开通报批评,并且该寝室学生不得参加优生、优干评比。

二十四、学生佩戴学生卡的规定

为了全面落实我校全封闭式管理制度,经学校研究决定,凡我校学生在校期间必须佩戴学生卡,现对学生卡佩戴作如下规定:

1.学生佩戴学生卡,必须佩戴在胸前,否则按未佩戴学生卡处理。

2.学生卡不得涂改、污染,伪造和转借他人使用。

3.学生在进入学校时必须佩戴好学生卡方能进入。

4.学生卡遗失后,必须到学生处补办或办理学生卡遗失证明,三日内必须补办。

5.学生毕业时,必须将学生卡交回学生处。

6.学生卡的办理及各项管理由学生处负责。